Gebündelte Kraft

Heinz Becker

Gebündelte Kraft

in Teams und Organisationen

Gerling Akademie Verlag

Die Deutsche Bibliothek – CIP Einheitsaufnahme
Ein Titeldatensatz für diese Publikation ist bei
der Deutschen Bibliothek erhältlich.

Umschlaggestaltung: Claus Seitz, München
Titelabbildung: © Greg Pease/getty images
Illustrationen: Wilhelm Busch
Satz: Fotosatz Reinhard Amann, Aichstetten
Druck und Bindung: Friedrich Pustet GmbH, Regensburg
ISBN 3-932425-48-0

www.gerling-academy-press.com

Inhalt

Vorwort

Heute wird viel darüber geschrieben, was getan werden muß, um Strategien zu entwickeln. Aber einem Aspekt, der in diesem Zusammenhang genauso wichtig ist, und zwar der Strategie*umsetzung*, wird weit weniger Bedeutung beigemessen. Um so mehr ist es zu begrüßen, daß ein Autor wie Heinz Becker sich dieses Themas engagiert angenommen hat.

Gebündelte Kraft: Allein dieser Titel bringt deutlich zum Ausdruck, worum es geht. Nämlich, die Energie aller Mitarbeiter auf ein gemeinsames strategisches Ziel zu richten.

Auch der Erfolg vom Otto Versand ist unter anderem darauf zurückzuführen, daß es uns in der Vergangenheit gelungen ist, einen Prozeß der gemeinsamen Entscheidungsfindung zu gestalten. Wir machen es uns nicht leicht, wenn wir unsere wirtschaftlichen Entscheidungen treffen: gute Ideen kreieren, Machbarkeit planen, Engagement der Mitwirkenden herausfordern, Bedürfnisse unserer Kunden erfüllen, soziale und ökologische Verantwortung wahrnehmen. Wir diskutieren lange. Viele sind beteiligt. Aber am Ende, wenn wir in die Praxis gehen, sind wir schnell.

Diese Vorgehensweise finde ich in dem vorliegenden Buch bestätigt. Heinz Becker verkündet keine neue Management-Mode. Nein, er schöpft aus der sorgfältigen Beobachtung der alltäglichen Lebenserfahrung. Für den Weg zu gemeinsamem Handeln ist dies ein »Kursbuch«.

Ich wünsche dem Leser persönlichen und professionellen Gewinn!

Michael Otto

Einführung

Worum geht es in diesem Buch?

Es ist kein Geheimnis, daß die Mehrzahl aller Veränderungsvorhaben scheitern, unterwegs stecken bleiben oder halbfertig versanden. »Wir haben nie Zeit, es richtig zu machen, aber viel Zeit, es doppelt zu machen«, ist eine vielerorts geäußerte Managerklage. In Zeiten gesteigerter Komplexität, beschleunigten Wandels und erhöhten Entscheidungsdrucks ist das Problem der Führung mehr denn je: Wie gelingt es, in Teams und Organisationen die Kräfte zu bündeln?

Unternehmensführungen unserer Tage sind mit einer Vielfalt von Umwälzungen konfrontiert: mit dem Durchbruch neuer Technologien, der Globalisierung der Märkte, den Chancen des Internet, mit Deregulierung, Übernahmen, Fusionen und so fort. Neue Strategien sind auszuarbeiten und umzusetzen, Prozesse und Arbeitsmethoden bedürfen der Erneuerung, oder die Struktur der Organisation muß gewandelten Gegebenheiten angepaßt werden. Geht es um Veränderungen des Selbstverständnisses oder gar der Kultur eines ganzen Unternehmens? Gibt ein Generationswechsel in der Führung Anlaß zu grundsätzlicher Neuorientierung der Organisation? Oder soll »nur« ein Projektteam zielgerichtetes, aufeinander abgestimmtes Vorgehen praktizieren? Alle Vorhaben brauchen eine möglichst breite Unterstützung durch die Beteiligten: Konsens in Wort und Tat.

Aber wie lassen sich Mitarbeiter dazu bringen, an einem Strang zu ziehen? Wie finden Teams eine neue gemeinsame Ausrichtung, »Ein-Mütigkeit« im Problemverständnis, in der Problemlösung und im zielstrebigen Handeln?

Die Antwort muß zwei Ebenen im Blick behalten:

1. Um die richtige Lösung muß gerungen werden! Die beste Idee gilt es zu finden. Keinesfalls genügt der kleinste gemeinsame Nenner, der niemandem weh tut.
2. Dafür ist eine breite Unterstützung durch die Mitspieler in Wort und Tat sicherzustellen. Lethargisches Abwarten und wohlfeile Lippenbekenntnisse reichen nicht aus.

Überdies sind nicht nur Sachzusammenhänge, sondern auch zwischenmenschliche Bezüge zu klären sowie persönliche Interessen abzuwägen. Keine leichte Aufgabe!

Dies sind die Arbeitsfragen der Führung:
- Wie finden wir für unsere Problemsituation das richtige Handlungskonzept?
- Wie findet dieses Konzept breiten Konsens?
- Wie leite ich den Entscheidungsprozeß im Team an?
- Wie handhabe ich emotionale und aggressive Phasen?
- Wie gewährleiste ich die engagierte Umsetzung in die Praxis?
- Wie diagnostiziere ich Blockaden im Prozeß, und wie kann ich sie lösen?
- Wie bilde ich neue, vitale Gemeinschaften?
- Wie paßt diese Führungsaufgabe zu mir als Mensch und Person?

Das Buch beantwortet diese Fragen und bedient sich dabei eines vierphasigen Prozeßmodells. Dieses Prozeßmodell dient als Leitfaden auf dem Weg von der Problemsituation, wo erstmalig deutlich wird, daß etwas geändert werden muß, über die Identifizierung von Lösungsmöglichkeiten, ferner über die gemeinsam zu treffende Entscheidung, welche Lösung zum Einsatz kommen soll, bis hin zur fertigen Umsetzung des Vorhabens in die Praxis. Das Modell entstand durch die Beobachtung der ganz natürlichen und alltäglichen Bemühungen von Menschen um Konsens. Mit Hilfe des Prozeßmodells ist es der Führungskraft leichter möglich, sich im Gesamtverlauf zu orientieren, Situationen präziser einzuordnen, gezielter zu intervenieren und Wichtiges nicht zu versäumen.

Die Beschreibung des Einigungsprozesses wird zeigen: Wenn der Diskurs in Gruppen zum Konsens führen soll, geht es nicht herrschaftsfrei zu. Im Gegenteil, die Leitung ist als Ordnungsfaktor des Geschehens unverzichtbar. Elitäre, kooperative und autoritäre Stilelemente sind innerhalb *eines* Prozesses gleichermaßen wichtig. Konsensbildung ist ein schwieriges Unterfangen.

Der in diesem Buch beschriebene Weg des Führens läßt die Planung einer Veränderung ohne Einbindung der Betroffenen nicht zu. Man kann die Rechnung nicht ohne den Wirt machen. Wer die Kräfte bündeln will, muß streiten lernen.

Stolpersteine auf dem Weg zu Einigung

Kein vernünftiger Mensch kann die von oben angeordnete Strategie einem gemeinsam erarbeiteten Konzept ernsthaft vorziehen, keiner will den autoritären Hierarchen, wenn die Alternative eine motivierte Mannschaft gleichberechtigter und gleichverantwortlicher Teammitglieder ist. Teamarbeit gilt als modern. Teams versprechen die Lösung zahlreicher organisatorischer Probleme, stehen für eine neue Ära, für andere Formen der Zusammenarbeit und für die Ablösung überkommener, nicht mehr effizienter Strukturen. Wer könnte sich den überzeugenden Argumenten der Befürworter von Gruppenprozessen verschließen? Alle Führungskräfte wünschen sich eine sie schlagkräftig unterstützende Gemeinschaft, die solidarisch zusammenhält und tatkräftig zu Werke geht. Ohne Zweifel steigt die Erfolgswahrscheinlichkeit eines Vorhabens gewaltig, wenn jeder mitzieht. Die Idee, einheitlich zu handeln, ist unbestreitbar gut.

In der Realität erleben die Leiterinnen und Leiter von Teams andere Geschichten. Geschichten, die weniger positiv klingen, weniger euphorisch. Wenn sie von der Arbeit in Gruppen erzählen, ist die Rede von Frustrationen, Emotionen und Blockaden; von Einzelkämpfern, die sich profilieren wollen, von Konkurrenzkämpfen, die der Sache schaden, von mühsam gefundenen Kompromissen, von Zeitverzögerungen, halbherzigen Vereinbarungen und schleppenden Prozessen, die nicht selten unterwegs heimlich aufgegeben werden.

Führungskräfte zeigen sich da häufig hilflos und ratlos. Sie gehen beispielsweise davon aus, daß es genügt, »die richtige Idee« zu verkünden, und flugs werde sich die ganze Organisation diese Idee zu eigen machen und selbstverständlich danach handeln. Leider hat die Richtigkeit einer Idee nur selten die Kraft, Menschen aus dem vertrauten Trott zu reißen und sie auf neue Wege zu führen. Und, woher soll diese Idee kommen? Wer entwickelt sie? Und darf sie einer Arbeitsgruppe einfach vorgesetzt werden?

Natürlich, das Team soll die Entscheidung gemeinsam er-

Geschäftig sind die Menschenkinder,
Die große Zunft von kleinen Meistern,
Als Mitbegründer, Miterfinder
Sich diese Welt zurechtzukleistern.

Nur leider kann man sich nicht einen,
Wie man das Ding am besten mache.
Das Bauen mit belebten Steinen
Ist eine höchst verzwickte Sache.

arbeiten! Aber was tun, wenn niemand in die Diskussion einsteigt, wenn die Teammitglieder apathisch schweigen, drömelig in ihre Unterlagen starren, äußerlich gleichgültig, innerlich voller Angst: »Was handle ich mir hier ein, wenn ich meinen Standpunkt vertrete?« Oder angesichts eines wortgewandten Rivalen denken: »Ich kann mich nicht so gut ausdrücken, aber Recht hab ich trotzdem!« Wie kann die Führungskraft eine lebendige Diskussion entfachen?

Eine andere Schwierigkeit: In der Praxis sind oft Auseinandersetzungen zu beobachten, die nur scheinbar der Sache gelten. Tatsächlich werden allenfalls höflich Argumente ausgetauscht. Und statt Meinungsverschiedenheiten gründlich auszuräumen, begnügen sich alle Beteiligten damit, mehr oder weniger schnell einen halbwegs brauchbaren Kompromiß zu finden, um dann scheinbar zufrieden auseinander zu gehen. Aber: Sind alle Argumente offen diskutiert worden? Warum bricht dann trotz der vermeintlich gemeinsam gefundenen Lösung in der Phase der Durchführung der getroffenen Beschlüsse die Uneinigkeit der Gruppe wieder auf? Weshalb gibt es plötzlich Pannen und Schuldzuweisungen?

Allzu oft steht viel zuwenig Zeit für die Bemühungen um eine wirkliche Konsensbildung unter den Teammitgliedern zur Verfügung. Der Meinungsaustausch wird infolgedessen zu früh gestoppt; und dann nimmt der Prozeß eben den folgenden Lauf: erst chaotische Diskussion, Eskalation der Emotionen, daraufhin Abbruch der Diskussion und Entscheidung per Machtwort des Teamleiters, anschließend Lethargie, Pannen, Verdruß und Sabotage bei der Umsetzung. Statt der erhofften Verbesserungen: Krisen-Modus und Feuerwehraktionen zur Lösung der drängendsten Probleme des Alltagsgeschäfts bestimmen das Bild.

Die vermeintliche Unbeherrschbarkeit von Einigungsprozessen in Teams verleitet viele Führungskräfte dazu, selbst weitreichende Entscheidungen unter großem Zeitmangel und deshalb unzureichend zu treffen. Eine der unausgesprochenen Normen in der Welt des Managements lautet: »Es gibt nie genug Zeit!« So gilt es als tüchtig, wenn ein Manager nach kurzer Kenntnisnahme eines komplexen Sachverhalts schnell und schneidig eine Entscheidung trifft und – zack – ist das Problem »vom Tisch«. Doch später, in der Phase der Umsetzung, wird ein Vielfaches der »eingesparten« Zeit beim Improvisieren und Ausbessern in Krisenaktionen verschwendet.

Der Versuch, die auftretenden Probleme auszublenden, zu vertagen oder per Beschluß zu eliminieren, muß scheitern. Unternehmen und Teams brauchen eine gesunde Streitkultur. Nur auf diese Weise können gegensätzliche Interessen und sämtliche Aspekte eines schwierigen Sachverhalts berücksichtigt werden, so daß alle Überlegungen in eine einmütige Auffassung einmünden und entsprechend wohlerwogene Beschlüsse erfolgen. Eine Führungskraft sollte den Prozeß des »Sich-Zusammen-Raufens« im Team genau kennen, um ihn gezielt fördern zu können. Damit hilft sie der Mannschaft, die Klippen auf dem Weg zur internen Einigung erfolgreich zu bewältigen.

In der Rückschau zeigt sich dann ein Paradoxon: Es boten gerade die Konflikte und gemeinsamen Problemsituationen die Chance, durch vereint getragene Lösungen die Mannschaft zu integrieren und ihren Stolz wiederherzustellen.

Bisherige Ansätze zur Lösung des Problems

Die bisher zu diesem Problem vorliegenden Lösungsansätze lassen sich grob in drei Kategorien einteilen: Es handelt sich um elitäre, funktionale und sozialpädagogische Bemühungen.

Zum *elitären* Ansatz zählt beispielsweise der Versuch, über die Qualität einer überzeugenden Idee die Menschen zusammenzuführen. Ist diese Idee erst einmal gefunden, so die Vermutung, dann werden sich alle Beteiligten schon unter ihr vereinigen. Zum elitären Ansatz zählt ebenso das »System Befehl und Gehorsam« – jahrhundertelang die bevorzugte Methode, Einheit herzustellen. Charismatische Führer tun dies, indem sie die Menschen in ihren »Bann« ziehen. Missionieren oder Appellieren sind ebenso Praktiken, mit denen versucht wird, die Identifikation der Teammitglieder mit der Führungsperson zu erwirken. Die Stärke des elitären Ansatzes liegt im klaren Forderungscharakter. Die Beteiligten wissen, wohin die Führung will. Aber sie werden nur schwerlich zur engagierten Unterstützung des Vorhabens gewonnen, das detailreiche Basiswissen der Mannschaft bleibt unberücksichtigt und neue Ideen fließen nicht ein.

Dem *funktionalen* Ansatz folgen alle Versuche, Gruppengespräche zu reglementieren und den Konfliktbeteiligten Verhaltensregeln aufzuerlegen, in der Hoffnung, so entstehe Einigung in der Sache, und das Gespräch, das zur Einigung führen soll, laufe »vernünftiger« ab. Die sogenannte Metaplanmethode ist die bekannteste Vertreterin dieses Ansatzes. Eberhard Schnelle konzipierte diese Moderationsmethode Anfang der 70-er Jahre mit seinem »Quickborner Team«. Sein Verfahren rückt durch die Technik des Visualisierens der Diskussionsinhalte die Sachproblematik in den Vordergrund. Dieser sachbezogene Gewinn wird mit einem Verlust erkauft. Die psychodynamischen Implikationen der Thematik und die individuellen Interessen der Beteiligten bleiben weitgehend unberücksichtigt. Das Team rauft sich nicht zusammen.

Dem funktionalen Ansatz zuzuordnen sind ebenso verschiedene Konzepte, die Funktionsfähigkeit einer Arbeitsgruppe zu fördern, indem bei ihrer Zusammensetzung auf eine gute Mischung verschiedener »Typen« von Mitspielern geachtet wird. Wenn ich einen aufgabenorientierten Forderer, einen warmherzigen Menschenfreund, einen erbsenzählenden Akribiker und einen kreativen Verrückten zu einem Team vereine, dann sind alle menschlichen Felder besetzt, keiner kommt dem anderen in die Quere, so die Idee. Verschiedenheit ist Reichtum, keine Frage. Aber so schön, wie diese Idee klingt, so praxisfremd ist sie. Wer setzt schon ein Team »am Reißbrett« zusammen? Und selbst wenn er die Gelegenheit hätte – wer kann denn die Menschen im voraus genau genug einschätzen? Der Theorie-Praxis-Transfer dieser Konzepte scheitert.

Der *sozialpädagogische* Ansatz geht zurück auf die verschiedenen Väter der humanistischen Psychologie. Dieser Ansatz will vor allem das allseitige Bemühen um Verständnis steigern. Beispielsweise werden Übungen, das Zuhören zu verbessern, zu diesem Zweck durchgeführt. Die Fähigkeit, sich in andere Menschen einzufühlen, wird betont. Der »gute Mensch« ist gefragt. Beim sozialpädagogischen Ansatz spielen moralische Positionen fast immer eine dominierende Rolle. Die Teammitglieder sollen sich mit einer Philosophie identifizieren. Bisweilen werden dabei auch verstiegene Positionen vertreten, wie Kampf sei schlecht, Aufeinanderzugehen sei gut.[1] Keine Frage, manch einer hat auf solchen Seminaren wichtige Einsichten über sich selbst gewonnen. Aber das Problem dieses Ansatzes ist ebenfalls der Theorie-Praxis-Transfer. Die einseitige Konzentration auf persönliche psychologische Aspekte und das gleichzeitige Ausblenden der konkreten fachlichen Sachverhalte verlangt von den Beteiligten zuviel: Zurück am Arbeitsplatz greifen sofort wieder die alten Mechanismen. Und die Sachfragen wurden ohnehin nicht ausdiskutiert.

Keiner dieser drei Ansätze reicht hin. Alle enthalten Vernünftiges und steuern wichtige Hinweise bei, aber jeder für sich greift zu kurz. Es sind nämlich immer *zwei* Ziele gleichzeitig anzustreben: zunächst die richtige *fachliche* Entscheidung, jedoch ebenso die Bildung einer *gemeinsamen Situation*, die alle Beteiligten um das Thema vereint. Wenn eine Gruppe von

Menschen sich in einer einfachen strittigen Frage erfolgreich abstimmt, entsteht bereits eine »kleine« gemeinsame Situation. Um so mehr, wenn die Einigung in bedeutender und grundsätzlicher Angelegenheit glückt. Das Gemeinschaftsgefühl ist dann entsprechend stärker. Die Lebensweisheit vom »einen Boot«, in dem »wir alle sitzen«, wird so Wirklichkeit und ist dann nicht nur ein Spruch. Von der Produktivität eines derartig eingestellten Teams oder einer sich so verbunden fühlenden Organisation darf man einiges erwarten.

Diese Zwiegesichtigkeit der Führungsaufgabe wird von fast allen vorhandenen theoretischen Systemen und methodischen Verfahrensvorschlägen übersehen. Entweder sie peilen ausschließlich die fachliche Lösung an und vernachlässigen die Gemeinschaftsbildung, oder sie führen die Menschen zusammen, ohne sie zur kompetenten Aufgabenbewältigung anzustacheln.

Und schließlich erwartet die Führungskraft lebenspraktische Handlungsempfehlungen, die in der Hektik des Alltags bestehen können. Auch dieser Forderung werden die vorhandenen Vorschläge in der Regel nicht gerecht, weil sie meist auf einem viel zu hohen Abstraktionsniveau liegen oder in einer ungewohnten Sprache daherkommen. Das im Seminar gelernte psychologische Konzept verliert vor Ort, im Besprechungszimmer oder in der Werkhalle die versprochene Wirkung.

Wie fallen schwierige Entscheidungen?

Wer in Teams und Organisationen die Kräfte bündeln will, darf den Zusammenhang zwischen Entscheidungs*findung* und Entscheidungs*umsetzung* nicht übersehen. Erst durch die Beteiligung der Betroffenen am Entscheidungsprozeß machen sich die Teammitglieder als »mitzeugende Väter« das Entscheidungsergebnis zu eigen.

Allerdings wird meist davon ausgegangen, Entscheidungen – und damit auch Teamentscheidungen – seien das Ergebnis der Gewichtung einiger Argumente, sie entstehen sozusagen durch »Verrechnungen« von Einzelfaktoren. Doch der Leser wird auf Grund seiner Lebenserfahrung wissen, daß gerade *schwierige* und *hochkomplexe* Entscheidungen in einem *Gärungs*prozeß zustande kommen, ja, daß sie meist gar nicht (aktiv) *getroffen werden*, sondern (passiv) *fallen*.

Etwas zur Entscheidung bringen, dazu schreibt H. Schmitz (1990, 169 f): »In der Krise des Ringens um bedeutende und schwierige Entscheidungen ist das räsonierende Hin- und Herwenden des Für und Wider ein Vorwand, um die persönliche Situation so »kneten« zu können, bis der Mensch merkt, was zu ihm paßt. Dann ist damit die Entscheidung gefallen. So kommen scheinbar verworrene Prozesse der Entschlußfindung zustande, deren geheime Zielstrebigkeit sich schließlich daran erweist, daß von den Möglichkeiten, die zur Entscheidung stehen, plötzlich eine als die richtige herausspringt und damit die Qual der Wahl ein Ende hat.«

Wenn dem so ist, dann erfordern schwierige Gruppenentscheidungen einen *gemeinsamen* Gärungsprozeß. Solch ein gemeinsamer Gärungsprozeß will zielführend angeleitet werden, und das ist nicht so einfach. Handlungsleitend für die mitwirkenden Personen ist schließlich das »am eigenen Leib Gespürte«, wie es beispielsweise an Zorn, Freude, Müdigkeit, Frische usw. leicht zu erkennen ist. So ist mit der freudigen Aussage eines Beteiligten viel leichter umzugehen als mit einer trotzigen Darbietung. Ein konstruktiver Beitrag aus geistiger Frische verursacht in der Diskussion ganz andere Wirkungen als ein mürrischer Auftritt. Teamentscheidungen mit ihrer oft ausgeprägten Gruppendynamik sind in hohem Maße davon beeinflußt. Die Führungskraft muß diese »gefühlsträchtige« Seite des Einigungsprozesses auch noch bewältigen. In einer Normenwelt, in der Funktionalität, Machbarkeit und Kontrollierbarkeit dominieren, so wie wir es in Führungskreisen meist antreffen, ist das zunächst ungewohnt.

Vorsicht: Entscheidungsautismus!

... So ging der Kaiser unter dem prächtigen Thronhimmel, und alle Menschen auf der Straße und in den Fenstern sprachen: »Wie sind des Kaisers neue Kleider unvergleichlich! Welche Schleppe er am Kleide hat! Wie schön sie sitzt!« Keiner wollte es sich anmerken lassen, daß er nichts sah; denn dann hätte er ja nicht zu seinem Amte getaugt oder wäre sehr dumm gewesen. Keine Kleider des Kaisers hatten solches Glück gemacht wie diese. »Aber er hat ja gar nichts an!« sagte endlich ein kleines Kind. »Hört die Stimme der Unschuld!« sagte der Vater, und der eine zischelte dem anderen zu, was das Kind gesagt hatte. »Aber er hat ja gar nichts an!« rief zuletzt das ganze Volk. Das ergriff den Kaiser, denn das Volk schien ihm recht zu haben, aber er dachte bei sich: ›Nun muß ich aushalten.‹ Und die Kammerherren gingen und trugen die Schleppe, die gar nicht da war.

Am 7. Dezember 1941 meldete die Radarwache, ein großer Schwarm japanischer Flugzeuge nähere sich dem US-Marinestützpunkt in Pearl Harbour. Darauf der diensthabende Wachoffizier Oberleutnant Tyler: »Don't worry about it.«

Zum Sturz der kommunistischen Regierung auf Kuba landete die US-Marine am 17. April 1961 mit Luftunterstützung durch mehrere Geschwader, noch aus dem Zweiten Weltkrieg stammender Kampfbomber, eine 1400 Mann starke Brigade bewaffneter Exilkubaner in der Schweinebucht an. Die Invasion erwies sich als vollständiges Fiasko. Bereits am dritten Tag waren alle Männer entweder tot oder gefangen. Die USA erlitten infolge dieser Aktion schweren außenpolitischen Schaden, obgleich dem Präsidenten John F. Kennedy ein hochkarätiges Entscheidungsgremium aus Sicherheits- und Außenpolitikern, Militärs und Geheimdienstoffizieren zur Seite stand. Gleichwohl fragte sich Kennedy nachher: »How could I have been so stupid to let them go ahead?«

Und noch einmal:

1989, mit Amtsantritt als Vorstandsvorsitzender der Metallgesellschaft AG, betrieb Dr. Heinz Schimmelbusch, der bis dahin einen tadellosen Ruf genoß, eine extreme Diversifizierungs- und Expansionspolitik. In wenigen Jahren hatten er und seine exzellenten Vorstandskollegen das Eigenkapital von ca. 3 Milliarden DM aufgezehrt und Verluste aus Öltermingeschäften in Höhe von ca. 2,3 Milliarden DM angehäuft. Dessenungeachtet verlängerte der Aufsichtsrat unter Leitung von Dr. Ronaldo Schmitz, Deutsche Bank, den Vertrag des Vorstandsvorsitzenden noch 1993 um weitere fünf Jahre. 1994 in einem »Stern«-Interview mit den Tatsachen konfrontiert, sagte Schimmelbusch: »Es gab kein solches Desaster.«

Und:

Dem Bauunternehmer Dr. Jürgen Schneider wurden 1993 bedenkenlos hohe Kredite eingeräumt, obwohl bei näherer Prüfung leicht feststellbar gewesen wäre, auf welchen utopischen Annahmen die von Schneider vorgelegten Kalkulationen teilweise basierten.[2]

Wie ist es möglich, daß Gremien Entscheidungen auf der Basis völlig unrealistischer Voraussetzungen treffen, obgleich sie es besser hätten wissen können? Warum und unter welchen Umständen werden wichtige Fakten ignoriert? Wieso treffen auch hochkompetente Menschen inkompetente Entscheidungen? Wie können Führungskräfte vorbeugen, um solche Fehlentwicklungen zu verhindern?

Diesen Fragen ist der Sozialpsychologe Stefan Schulz-Hardt nachgegangen. In seinem Buch »Realitätsflucht in Entscheidungsprozessen« berichtet er vom gegenwärtigen Stand der Forschungen. Er prägte den Begriff des *Entscheidungsautismus*: »Entscheidungsträger bewegen sich während eines Entscheidungsprozesses auf einem Kontinuum, das von exzessiven Selbstzweifeln und völliger Handlungsunfähigkeit auf der einen Seite, über eine durch kritische Selbstprüfung und elaborierte Handlungsorientierung geprägte Mitte, bis hin zu kritikloser Selbstbestätigung auf der anderen Seite reicht. Diesen Extrempol völlig dominierender Selbstbestätigungstendenzen, also umgangssprachlich das ›Sich in die Tasche lügen‹, kennzeichne ich mit dem Begriff ›Entscheidungsautismus‹.«

Autistisch sei dieses Entscheidungsverhalten deshalb, weil der Entscheider sich eine rosarote Scheinwelt konstruiert, in der alles zu seiner Sichtweise und seinen Präferenzen paßt. Genau wie der Autist es nicht ertragen kann, wenn Dinge in seiner Umwelt verändert werden, reagiert der Entscheidungsautist aversiv auf konträre Inhalte zu seiner subjektiven Entscheidungswelt, so Schulz-Hardt. Korrigierende Impulse und Informationen dringen nicht mehr durch. Der Entscheider entfernt sich von der Wirklichkeit, und je größer diese Distanz, desto eher wird die getroffene Entscheidung an den Ansprüchen der Wirklichkeit scheitern.

Eine Reihe von Randbedingungen fördert das Entstehen solcher Selbstüberschätzung, die – je nach den Gegebenheiten im Entscheidungsteam – alle Beteiligten in ihren Sog ziehen kann. Diese Faktoren sind freilich in einem gewissen Ausmaß immer gegeben, wenn es etwas zu entscheiden gibt. Erst durch ihre Ausprägung und ihr Zusammenspiel in der jeweiligen Situation entfalten sie ihr gefährliches Potential, und Entscheidungsautismus greift um sich. Wer die folgenden Randbedingungen kennt, ist gewarnt.

Eine *Abschottung nach außen* und das *Fehlen diskursiver Entscheidungsprozeduren* verhindern, daß die an der Entscheidung Beteiligten ihren Horizont durch andere Perspektiven erweitern. Dadurch erhöht sich die Gefahr, daß sich das Team durch voreilige Präferenzen leiten läßt. In der Phase der Entscheidungsfindung kann *direktive Führung* die Teammitglieder zusätzlich in ihren individuellen Sichtweisen einschränken, indem die Teamleitung von Anfang an die Richtung vorgibt, wie »zu denken ist«. Alternativen kommen dann erst gar nicht auf, man »schließt die Reihen« und bestärkt sich gegenseitig in der Richtigkeit seiner Ansichten.

Überhaupt sollte die *Homogenität der Gruppe* stets zu denken geben: Versuchen die Beteiligten, Konflikte zu vermeiden oder Unsicherheit zu reduzieren, indem sie Zuflucht in gemeinsamer, aber möglicherweise fehlerhafter Einheit suchen? *Frühzeitige Probeabstimmungen* fixieren oft eine begrenzte Anzahl von Lösungsalternativen und suggerieren, andere Alternativen seien nicht denkbar. Wird ein Team unter *Zeitdruck* gesetzt, steigt unter den Mitgliedern meist der Wunsch nach vereinfachenden Antworten, etwa im Sinne von »X ist richtig, Y, Z usw. sind falsch«. Kreative Möglichkeiten bleiben dann ungenutzt.

Die Arbeiten von Schulz-Hardt förderten auch manch Überraschendes zu Tage: *Vorangegangene Erfolge* können Entscheidungsautismus begünstigen. »Hat ein Entscheidungsträger in der Vergangenheit die Erfahrung gemacht, durch Erfolge in den eigenen Ansichten bestätigt worden zu sein, so steigt die Erwartung, auch zukünftig Bestätigung für die eigenen Präferenzen zu erfahren. (...) Konträre Meinungen, Informationen usw. wirken daher um so dissonanter. Existiert eine änderungsresistente Präferenz, so setzen angesichts der hohen Dissonanz besonders starke Defensivmechanismen zur Verteidigung der Präferenz ein.« Zitatende.

Lastet auf einem Entscheidungsträger ein inquisitorischer *Rechtfertigungsdruck*, erliegt er leicht der Versuchung, einer einseitigen Sichtweise anheimzufallen. Denn im Rechtfertigungsfall besteht die ideale Situation darin, daß alle Vorteile auf der Seite der vorgeschlagenen Lösung liegen und alle Nachteile auf seiten der abgelehnten Alternative. Je uneindeutiger sich die Situation darstellt, desto schwerer ist es, die Entscheidung zu rechtfertigen. So intensiviert besonderer Rechtfertigungsdruck mitunter einseitige Sichtweisen.

Eine weitere Gefahr besteht, wenn unter den Beteiligten eine *Harmonienorm* herrscht. Ist eine Gruppe auf Harmonie bedacht, so mangelt es oft an kritischer Diskussion verschiedener Entscheidungsalternativen, weil die Mitglieder vor allem sondieren, bei welcher Alternative sie am schnellsten Einigung finden, um damit die Harmonie in der Gruppe wiederherzustellen. Ganz ähnlich verhält es sich in Teams mit *ideologischer Fixierung*. Dogmatische Weltanschauungen, seien es nun unumstößliche politische »Wahrheiten«, »allein seligmachende« wirtschaftliche Rezepte oder religiöse »Gewißheiten«, führen meist direkt in den Entscheidungsautismus.

Die letzte zu nennende Randbedingung kennzeichnet Schulz-Hardt mit dem Begriff *Konsistenznorm*: Nach dieser Norm stünde es den Menschen gut an, ein einheitliches Bild in ihrem Denken und Handeln zu vermitteln. Unentschlossenheit, Hin-und-her-Gerissensein zwischen verschiedenen Tendenzen,

Zugereist in diese Gegend,
Noch viel mehr als sehr vermögend,
In der Hand das Perspektiv,
Kam ein Mister namens Pief.
»Warum soll ich nicht beim Gehen« –
Sprach er – »in die Ferne sehen?
Schön ist es auch anderswo,
Und hier bin ich sowieso.«

Hierbei aber stolpert er
In den Teich und sieht nichts mehr.

Verwirrung und dergleichen mehr, alltägliche Zustände also, sind nicht gefragt und müssen verheimlicht werden. Besonders in unserer westlichen Industriekultur ist die Konsistenznorm weit verbreitet: Wir schreiben beispielsweise anderen Personen um so stärkere Führungsqualitäten zu, je konsistenter sie auf uns wirken, je mehr sie den Eindruck erwecken, alles »im Griff« zu haben. Entscheidungsprozesse mit ihren unübersichtlichen Phasen, in denen sich vorübergehend kreatives Chaos breitmacht, in denen die Fülle der aufgeworfenen Fakten, die zudem oft auch noch im Widerspruch zueinander stehen, die Verarbeitungsfähigkeit der Beteiligten temporär überfordert, können unter einer Konsistenznorm nicht gedeihen.

Die Konsequenz von alledem kann nur sein, daß, wer die Qualität einer Entscheidung sicherstellen will, die Kontroverse fördern muß: Ermutigung zu Kritik und Widerspruch, Heranziehen von externen Experten mit »störenden« Ideen, Verhindern frühzeitiger Festlegungen, Auflockerung von Gruppennormen, Aufhebung von Denkverboten, Zurückhaltung mit Meinungsäußerungen der Führungskraft.

Was ist »Konsens«?

Im eigentlichen Sinn des Wortes bedeutet Kon-sens »gemeinsamer Sinn«. Aber leider ist der Begriff vielfach mißbraucht. Oft wird er in den Dienst einer falschen Sache gestellt. Manchmal steht *Konsens* für harmonischen Einklang zwischen Menschen. In anderen Fällen soll der Begriff gar helfen, unausgetragene Konflikte zu kaschieren: »Hat jemand etwas dagegen? Keiner? Gut, dann ist das Konsens.« Infolgedessen konnte sich im Alltagsgebrauch des Wortes keine dominierende Bedeutung durchsetzen. Jedermann verbindet mit dem Wort Konsens eine persönliche Vorstellung. Deshalb will ich erläutern, was ich in diesem Buch meine, wenn ich den Begriff Konsens verwende und warum ich ihn wählte.

In meiner Definition spreche ich nur über schwierige und komplexe Entscheidungen. Das, was mit drei, vier Argumenten zur Entscheidung zu bringen ist, was mit wenigen Worten plausibel vermittelt werden kann, lasse ich beiseite.

Und in diesen schwierigen Entscheidungssituationen geht es mir vor allem um die Unterscheidung des Konsenses vom Kompromiß. In meiner Beratungstätigkeit fiel mir oft auf, daß Teams unter Zeitdruck Lösungen wie ein Handelsgeschäft anstreben: »Gibst du mir, so geb ich dir.« Man findet ein Ergebnis »irgendwo in der Mitte«, das niemandem weh tut, in dem es keine Sieger und keine Verlierer gibt, bei deren Erarbeitung aber auch kein neuer oder gar origineller Gedanke aufkommt. Das nenne ich einen Kompromiß finden.

Weit gemeinschaftsbildender und tragfähiger sind Lösungen, die schwer erkämpft wurden, die den Beteiligten Opfer abverlangten, zu denen sie sich erst durchringen mußten. Oft entstehen im kreativen Milieu chaotischer Debatten auch neue Ideen, die so vorher niemand hatte. Ein solches Ergebnis verdient den Begriff Konsens: Kon-sens, *gemeinsamer Sinn*.

Goethe kennzeichnete dies mit den Worten: »Man frage nicht, ob man ganz und gar übereinstimmt, sondern ob man in einem Sinne verfährt.« [3] Es geht zunächst also keineswegs darum, einen detaillierten, starren Plan aufzustellen. Kleinigkeiten können offen bleiben. Der Konsens umreißt die Idee oder den Handlungsplan nur grob.

So entsteht für die Beteiligten ein Spielraum, den sie selbständig ausgestalten können und der ihnen erlaubt, vor Ort eigene Entscheidungen »im gemeinsamen Sinne« zu treffen. Denn von dem gemeinsamen Sinn geht eine Integrationskraft aus, die in der Lage ist, die persönlichen Interessen einzelner in gewissem Ausmaß zu überspielen. So finden sich die Beteiligten in einer *gemeinsamen Situation*, in einem Boot: nach außen abgehoben, nach innen kohärent in einem Thema und einer gemeinsamen Atmosphäre.

Wer vor dem hierfür erforderlichen Zeitaufwand zurückschreckt, sollte jedoch den Gesamtprozeß in den Blick nehmen, und zwar von der Veränderungsabsicht bis zur endgültigen Verwirklichung in der Praxis. Die in der Initialphase eines Projektes investierte Zeit wird fast immer bei der Umsetzung der Aktionen vielfach wieder eingespart.

Unter Managern besteht ein viel zu oft geltendes und nicht wirklich überprüftes Gesetz: »Es gibt nie genug Zeit.« Gleichwohl wird aber durch unabgestimmte Aktionen und Unordnung in den Abläufen enorm viel Zeit vergeudet, so daß dieses Gesetz vielleicht nur die alltägliche Hektik, die weitere Unordnung produziert, rechtfertigen soll. Nein, sorgfältiges Nachdenken und »zeitraubende« Abstimmung am Beginn von Veränderungen helfen, Zeit zu *gewinnen*.

Dennoch, es läßt sich nicht leugnen, daß die Bildung von Konsens Zeit erfordert. Nicht jede Frage eines Teams kann deshalb debattiert werden. Aber je sorgfältiger die grundsätzlichen Fragen einvernehmlich beantwortet sind, desto empfänglicher sind die beteiligten Menschen für Kommandos und Zurufe, die auf dem Grundkonsens beruhen.

Trotzdem bleibt ausdrücklich festzuhalten: Ein Konsens ist nicht immer höherwertiger als ein Gehorsamkeit einfordernder Befehl. Es hängt von der Situation ab: Wenn das Kino brennt, ist eine Diskussion lebensgefährlich. Da braucht es eine laute metallische Stimme, die den Lärm übertönt und deren Klang ahnen läßt, daß der Rufer weiß, wo der rettende Ausgang ist. Zum Glück brennt das Kino nicht immer.

Die Führungskraft muß je nach gegebener Situation entscheiden, wann und wofür sie einen Konsens beanspruchen, mit einer Direktive Anpassung verlangen oder sich mit einem Kompromiß zufriedengeben will. Dazu hat sie die jeweiligen Vor- und Nachteile abzuwägen.

Konsensbildung im Spiegel der Kunst

In diesem Kapitel möchte ich Konsensbildung mit drei Beispielen aus Musik und Bühnenliteratur illustrieren. Doch zuvor ist es erforderlich, eines der wichtigsten Elemente im Einigungsprozeß herauszugreifen und näher zu beschreiben:

Bei Diskussionen, die auf eine Problemlösung zielen, können die Beteiligten eine kontinuierlich zunehmende Spannung spüren. Die Stimmung im Raum verdichtet sich immer mehr. Diese Erregungskurve hat – je nach Brisanz des Konflikts und Temperament der Anwesenden – einen höheren oder niedrigeren Anstiegswinkel. Sie strebt auf einen Höhepunkt zu, den ich »Kulminationspunkt« nenne und der in der Gesprächsführung eine entscheidende Rolle spielen wird. Danach, meist fast schlagartig, entspannt sich die Stimmung – die Luft ist raus – und in diesem Moment kann eine Entscheidung getroffen werden. Nicht vorher, nicht nachher, sondern im oder ganz kurz nach dem Kulminationspunkt. Dies ist der Augenblick des Machthabers.[4]

Der Mächtige ist hier aber nicht derjenige, der etwas erzwingt oder gar übers Knie bricht, sondern derjenige, der besonders flexibel und geschickt mit den Gegebenheiten der Situation umzugehen weiß. Die getroffene Entscheidung muß schließlich die vorangegangene Debatte widerspiegeln. Als wesentliche Elemente von »Mächtigkeit« erweisen sich hier Talente wie Flexibilität, Anpassungsfähigkeit und die Empfänglichkeit für Stimmungen. Das mag manchen überraschen, leuchtet aber bei genauer Betrachtung ein. Es ist die Kunst des Augenblicks!

Die griechischen Seefahrer hatten für den »richtigen Zeitpunkt« des Losfahrens oder des Kurswechsels, je nach Windverhältnissen und Strömung, ein besonderes Wort: *Kairos*. Hingegen verwendeten sie für die Tageszeit den Begriff *Chronos*. Teamleiter, die einen Gegenstand ausdiskutieren lassen möchten, ohne daß alles im Frust endet, sollten – wie die griechischen Seefahrer – auf Kairos warten, den Moment aber nicht ungenutzt verstreichen lassen.

Beim Spannungsbogen der affektiven Erregung handelt es

sich allerdings *nicht* um ein Kontinuum. Im Kulminationspunkt wechselt nämlich die Qualität der Stimmung: Zeitlich *vor* dem Kulminationspunkt herrscht gewöhnlich eine kämpferische Atmosphäre vor, oft inhaltlich chaotisch, die Beteiligten vergessen sich im Diskurs; zeitlich *nach* dem Kulminationspunkt herrschen Nüchternheit und sachliche Betrachtung des Sachverhalts vor, ein eher entspannter, aber dennoch konzentrierter Zustand. Ich spreche im Übergang des Kulminationspunktes von »leiblicher Umstimmung«, womit gemeint ist, daß die Beteiligten sich vor dem Kulminationspunkt anders fühlen als danach. Ich werde auf den Begriff der *leiblichen Umstimmung* zurückkommen.

Wenn man verschiedene Arten von Stimmungen darstellen will, eignet sich ganz hervorragend die Musik als Medium. Und deshalb möchte ich das zuvor Gesagte an einem musikalischen Werk veranschaulichen, dem »Bolero« von Ravel (1928). In ihm wird die Eskalation der Erregtheit bis zum Kulminationspunkt besonders deutlich spürbar. Das kontinuierliche Anwachsen der Intensität durch die synkopischen Rhythmusspannungen, den Wechsel harmonischer und dissonanter Klänge und Klangmixturen, das fortwährende eindringliche Crescendo und die zunehmende Spannung, die der Zuhörer spürt und die ihn mehr und mehr in Unruhe versetzt – bis zum »Knall« des Finales, in dem explosionsartig durch die nachfolgende Stille spürbar Weite eintritt. Endlich wird der Zuhörer aus der eskalierenden Engung in diese Weite der Stille entlassen, und er kann in Ruhe wieder zu sich finden. Die Stille *nach* dem Bolero gehört *zum* Bolero.

Die in dieser Musik ausgedrückte Leidenschaft findet in manchen heftig geführten Diskussionen ihre Entsprechung, sofern die Beteiligten sich nicht mäßigen oder gar taktieren und sie sowohl zum Kampf wie zur Versöhnung bereit sind.

Wenden wir uns nun zwei Beispielen zu, die wir in der belletristischen Literatur finden. Interessanterweise fand ich nur Beispiele aus dem 20. Jahrhundert. Sollte Konsensbildung in Gruppen eine so späte Errungenschaft der Menschheit sein? Es scheint so, denn meine Suche nach früheren Schilderungen war intensiv, aber vergeblich.

Das erste Beispiel ist das Theaterstück »Die zwölf Geschworenen« (Rose, 1957): Ein junger Mann ist des Mordes angeklagt. Die Plädoyers sind abgeschlossen, die Todesstrafe ist gefordert. Schuldig oder nicht schuldig? Die zwölf Geschworenen treten zusammen. Sie ringen um den einstimmigen Spruch. Anfangs steht die Schuld des vermeintlichen Täters fast zweifelsfrei fest, und die Debatte darum ist nur lästig, weil dadurch der Besuch eines Baseball-Matches aus Zeitgründen zu scheitern droht. Dann wird es mehr und mehr ernst, bitterernst. Turbulenzen, Feindseligkeiten einerseits, ständig wechselnde Fraktionsbildungen unter den Diskutan-ten andererseits, Kränkungen, Verletzungen, bis zur Weißglut getriebener Streit, ja Haß, Hin- und Hergeworfensein der Beteiligten in einer mehrstündigen Debatte bis hin zur Neubewertung persönlichen Schicksals und Lebensleids bestimmen eskalierend die Auseinandersetzung. Alle Beteiligten sind schließlich über das eigene Fassungsvermögen hinaus gefordert, bis auch der letzte Verstockte sich durchringt. Der Zweifel obsiegt, das nun einmütige Urteil lautet: nicht schuldig. Dieses Theaterstück illustriert eindrucksvoll: Konsensbildung ist mitunter ein schwieriges Unterfangen. Zu Unrecht wird das Bemühen um Konsens manchmal mit Harmonie verwechselt.

Ähnlich intensiv ist das zweite Beispiel, ebenfalls ein Theaterstück, »Kunst« von Yasmina Reza (deutsche Erstaufführung 1995): Drei Freunde streiten über die Bewertung eines Kunstwerks, eines Ölgemäldes, einer weißen Fläche mit feinen weißen Streifen, 1 Meter 20 mal 1 Meter 60, für 200 000 Francs von Serge, einem der dreien erworben. Die drei Männer geraten darüber in Streit, ob diesem Kauf Kunstverständnis innewohnt oder ob er schlichtweg von der Verrücktheit des Käufers zeugt. Die Kampfhandlungen der drei werden immer verletzender. Feindselig werfen sie sich gegenseitig ihre Arroganz, Feigheit und Dummheit vor, ebenso die ihrer Frauen. Schließlich fließen Tränen, und die langjährige Beziehung erscheint nur noch als ein großer Irrtum. Die Freundschaft der drei Männer droht zu zerbrechen. Im Moment größter Hitzigkeit stellt eine scheinbar absurde Idee von Serge, dem Käufer des Bildes, den Zusammenhalt der Gruppe wieder her. (Die Idee, mit der

Serge das Blatt wendete, wird hier natürlich nicht verraten.) Alle ringen sich um der Gemeinschaft willen zu einem Teilverzicht durch. Die Welt ist nicht mehr so wie vorher, aber auf andere Weise wieder heil.

Alle drei Beispiele zeichnen sich durch einen heftigen, ja eruptiven Verlauf aus. Das ist bei Teamentscheidungen glücklicherweise meistens nicht der Fall. Aber es geht bei der Konsensbildung auch gar nicht um das Streben nach Harmonie, sondern um das Finden von Gemeinsamkeit in der Vielfalt der Möglichkeiten.

Wir treffen auf Erden ein breites Spektrum von Leidenschaftlichkeit an: Auf der einen Seite eine Gruppe stocknüchterner Softwareingenieure, bei denen wir kaum Spuren einer Erregungskurve entdecken können, und auf der anderen Seite die lang andauernden blutigen religiösen und territorialen Konflikte überall in der Welt, die offensichtlich immer noch nicht deutlich genug sind, damit die Beteiligten aus ihnen lernen könnten, daß man so nicht weiterkommt.

Das Diskursmodell

Anhand des nun folgenden Vier-Phasen-Modells wird aufgezeigt, welche konkreten Handlungsimpulse eine Führungskraft setzen muß, damit sich die Mitglieder des Teams einig werden darüber, was in der gemeinsamen Sache passieren muß und wie das zu geschehen hat, so daß am Ende in den Aktionen tatsächlich auch alle »an einem Strang ziehen«. Es liefert Führungskräften eine Orientierung, mit der sie festen Kurs auf das Ziel *Konsens* halten können, mag es in den Debatten vorübergehend noch so drunter und drüber gehen. Die Abbildung gibt einen Überblick und zeigt zusätzlich, welche Teilziele in jeder Phase anzusteuern sind.

Themensetzung
führt bis zur Konzentration
aller Beteiligten auf das Thema …

↓

Aktionsphase
… führt vom Beginn der Diskussion
bis zum Kulminationspunkt …

↓

Integrationsphase
… führt bis zur Konstituierung
des Konsenses …

↓

Umsetzungsphase
… führt bis zur praktischen Verwirklichung,
Projektauswertung und Abschlußfeier

Abb. 1: Das Prozeßmodell[5]

Die nachfolgenden Kapitel beschreiben jede Phase ausführlich und geben Führungskräften Hilfen zur Bewältigung an die Hand.

Die Themensetzung

Führen heißt »Themen setzen«

Leadership zeigt sich vor allem in der Eindeutigkeit ihrer Willensbekundung und in ihrer Fähigkeit, dafür die richtigen Initialzündungen loszutreten. Führungskräfte müssen ihr Anliegen als Forderung so klar und plausibel vermitteln, daß es den Beteiligten unmittelbar und unverkennbar einleuchtet, sie eine ernsthafte innere Auseinanderzusetzung mit dem Thema beginnen und sich dadurch in die Lage versetzen, qualifiziert Stellung zu nehmen.

Doch wie sieht der Alltag aus? Zunehmend sind Manager dem Druck ausgesetzt, ihre alltäglichen Aufgaben in immer größerer Eile zu erledigen. Sie hetzen von Meeting zu Meeting, und oft sind sie mangels ausreichender Vorbereitung und Konzentration nicht voll bei der Sache. Doch wie die Teamleiter kommt auch jeder andere Beteiligte aus seiner eigenen, individuellen Welt mit Sorgen und Erwartungen. Da beschäftigt den einen vielleicht ein noch ungelöstes Spezialproblem, der andere hat einen Disput mit einem Mitarbeiter, der dritte macht sich Sorgen um ein dringendes privates Problem. »Körperliche Anwesenheit« allein reicht nicht aus, wenn eine Versammlung von Individuen zur Bildung einer Gruppe führen soll. Alle Beteiligten müssen sich der gemeinsamen Aufgabe mit vollem Engagement widmen. Dieses Engagement hervorzulocken ist die erste Aufgabe der Führung.

Das scheint selbstverständlich. Doch statt klarer Führung finden wir allzu häufig ein Führungs*vakuum*, weil die eigentlich zuständige Person ihre Führungs*rolle* nicht annimmt und deswegen auch nicht wahrnimmt. Oder die einstimmige Willensbildung in der Geschäftsführung oder im Vorstand kommt nicht zustande, ein Thema *kann* dann gar nicht gesetzt werden. Oft fehlt es Führungskräften auch an Mut, mit einer Idee oder einer Forderung die Bühne zu betreten. Denn wer Erneuerung will, muß sich auch auf Widerspruch und Kampf einstellen. Der Erfolg eines Unterfangens ist zu Beginn keinesfalls immer ausgemacht. Da sucht manche Führungskraft Zuflucht im Nichtstun, denn wer nichts unternimmt, macht auch nichts falsch. Courage gehört dazu, wenn nicht alles beim alten bleiben soll.

Andererseits: Ein gut formuliertes und effektvoll eingeführtes Thema unterstützt die Gemeinschaftsbildung und die Zusammenarbeit. So übernimmt das Thema einen Teil der Leitungsfunktion, denn es hilft den Beteiligten, die Sache, um die es geht, im Auge zu behalten. Die folgenden Abschnitte erläutern die wichtigsten Aspekte der Themensetzung: Auswahl der Zielgruppe, Inhalt und Stimulanz des Themas.

Wer gehört zur Zielgruppe?

Diese Frage ist leicht zu beantworten, wenn es sich um ein Problem auf Teamebene handelt: alle Beteiligten und Betroffenen. Umfaßt der Kreis allerdings mehr als ca. 12 Personen, wird es schon komplizierter, weil Untergruppen gebildet werden müssen, um allen ausreichend Möglichkeit zur Beteiligung zu geben. Aber das stellt keine wirkliche Schwierigkeit dar, gibt es doch mittlerweile genügend Erfahrung mit Organisation und Gestaltung von Workshops.

Diffizil wird die Konzipierung eines Alignmentprozesses für größere Organisationen oder ein ganzes Unternehmen. Um die Einfachheit der Darstellung nicht aufs Spiel zu setzen, ist diesem Problem ein gesondertes Kapitel gewidmet (*Starthilfe zum Transfer in die Praxis*). Dort finden sich Anregungen, wie der Einigungsprozeß – zunächst auf Teamebene erläutert – auf eine Gesamtorganisation zu übertragen ist.

Allenfalls ein immer wieder anzutreffender Fehler sei hier noch kurz angesprochen: Oft erliegen Manager der Versuchung, Störenfriede, »Querulanten«, schwierige Mitarbeiter aus wichtigen Sitzungen auszuschließen, weil sie meinen, so leichter zur Einigung zu kommen. Meistens schadet dies aber mehr, als es nützt. Denn der später vor vollendete Tatsachen Gestellte entwickelt zusätzlichen Widerstand, und die Integrationsarbeit ist um so schwieriger. Außerdem gehen dem Team die Ideen und

Beiträge des Betreffenden verloren, die manchmal durch seine besondere Sichtweise »schwer zu ertragen«, aber gleichwohl wertvoll sein können. Manche anfängliche Störung erweist sich später als nützlich.

Zum Inhalt des Themas

Der wichtigste Bestandteil des Themas ist die klare Definition der Aufgabe oder des zu lösenden Problems. Da freie Entscheidung immer nur innerhalb von Grenzen möglich ist, sind in der Themensetzung die Grenzen und Rahmenbedingungen der Teamentscheidung genau und deutlich anzugeben. Dies bedeutet gewiß einerseits Einschränkung, aber andererseits entsteht dadurch erst der Freiraum, in dem das Team agieren und eine Lösung kreieren kann.

Mit der Definition des Entscheidungsspielraumes ist das, was bereits festliegt, und infolgedessen nicht mehr zu entscheiden ist, eindeutig auszugrenzen. Vielleicht ist an dem im Vorfeld »Gesetzten« Kritik zu üben, vielleicht muß sogar Widerspruch eingelegt werden, um Fehler der Themensetzung zu korrigieren. Die unter Umständen erforderliche Diskussion *über* das Thema hat, wie ein Antrag zur Geschäftsordnung, Vorrang vor dem Einstieg *ins* Thema. Aber es gibt immer auch Bedingungen, die »nicht schmecken« und die trotzdem hinzunehmen sind.

Die Themensetzung ist eine Forderung an das Team. Und Forderungen können reizen und Lustgefühle hervorrufen, weil sie Abenteuer in Aussicht stellen, aber sie können auch auf Widerstand stoßen, wenn es nämlich um plumpe zusätzliche Aufgabenerledigung geht. Eine stimulierende Themensetzung verteilt keine Aufgaben, sondern setzt reizvolle Ziele, die Gelegenheit bieten, die eigene Kompetenz und Cleverneß zum Einsatz zu bringen.

Jedoch: Das Notwendige ist gelegentlich unbequem und geht oft sogar gegen die persönlichen Interessen. Die Unentrinnbarkeit einer perfekten Themensetzung ist natürlich eine Zumutung. Den Angesprochenen bleibt keine andere Wahl. Aber wer Verantwortung trägt, kann es meist nicht allen recht machen, er muß manchmal unverzagt zugreifen und bittere Medizin verordnen. Dann darf die Forderung nicht ohne nachvollziehbare Begründung bleiben, so daß den Beteiligten geholfen ist, wenn sie sich mit unbequemen Erfordernissen abzufinden haben.

Sowieso ist eine erläuternde, begründende, die Veränderungen der Zeit aufzeigende Einführung oder Hinführung zum Thema durch die Führungskraft fast immer nötig. Diese Hin- oder Einführung erleichtert den Teilnehmern, den anstehenden Gegenstand zu erkennen, sich auf ihn zu konzentrieren, und fördert den Einstieg in die Aufgabe.

Zum Schluß dieses Abschnittes sei noch auf ein Problem im Zusammenhang mit der regelmäßigen Teamsitzung eingegangen: Die Teambesprechung ist gewöhnlich das zentrale Führungsinstrument der Teamleitung. Sie dient der Problemerkennung, der Problembehandlung, der Aktionskontrolle, der Information und der Gemeinschaftsbildung. In ihr wird die Fülle der tagesgeschäftlichen Einzelfragen erörtert, und dabei wird in oft zermürbender Weise Zeit verschwendet. Das geschieht vor allem dadurch, daß Themen, die einer vertiefenden Aussprache bedürfen, »zwischendurch« diskutiert werden. Die Beteiligten beißen sich daran fest, kommen nicht mehr zum restlichen Stoff und gehen mit Zeitverzug und mißmutig auseinander. Die Hypothek für die nächste Sitzung ist ein ganzes Stück gewachsen.

Ein wichtiger Schritt zur Verbesserung liegt in der Isolierung jener Fragen, die einer eingehenden Erörterung bedürfen. Erfordert ein Thema eine gründliche Erarbeitung, wird ein Sondertermin vereinbart oder eine Sondergruppe gebildet. Bei Sitzungen mit dem Ziel, *bedeutsame* grundsätzliche oder strategische Fragen weiterzubringen, sollte man sogar in Erwägung ziehen, ob sie nicht auch räumlich vom Alltagsgeschehen getrennt stattfinden können, weil mit dem damit verbundenen Tapetenwechsel meist auch eine Verbesserung der Atmosphäre und in der Folge eine Steigerung der Kreativität einhergeht.

Die Stimulanz des Themas

Die Diskussionsteilnehmer werden allerdings weniger durch intellektuelles Überzeugen als durch emotionales *Anstiften* gewonnen. Ein Mensch mit »Charisma«, dem Talent also, andere in den Bann zu ziehen, kann das am besten. Er darf es aber keinesfalls nur auf den Show-Effekt anlegen. Die Problemstellung muß so realistisch und glaubwürdig vermittelt werden, daß sie den Beteiligten inhaltlich einleuchtet und sie sich ernsthaft mit dem Thema auseinandersetzen. Aber außer der selbstverständlichen rationalen Einsicht in die Richtigkeit und möglicherweise Notwendigkeit des Themas geht es um das »Gepacktsein«, um das Erkennen seiner Dringlichkeit und seiner Chancen.

Soll das Thema einen Paradigmenwechsel einleiten, braucht es vielleicht einen »Missionar«, der, beseelt von den Perspektiven einer neuen Idee, die Beteiligten zu »bekehren« versucht, indem seine Begeisterung wie ein Funke überspringt. Im Falle einer drohenden Krise, die es abzuwenden gilt, mag ein vorausschauender Mahner einen heilsamen Schrecken auslösen. Sollen neue Horizonte erobert werden, könnte ein begeisternder Anführer die Menschen mobilisieren, indem er mit schwierigen Hindernissen in unbekanntem Terrain und dem Kitzel zu überstehender Gefahren lockt . . .

Dazu schreibt Friedemann Schulz v. Thun (1998, S. 276): »Dies alles klingt fast banal. Wenn wir aber mit ansehen, wie lieblos und luschig viele Sitzungen eröffnet werden, ohne gestaltende Kraft, ohne gemeinschaftsbildende Ansprache, ohne thematische Prägnanz, dann dürfen wir uns nicht über den chaotischen und blockierten Verlauf mancher Debatte wundern. Ich persönlich bin in der Phase der Themensetzung auch ein ›Wächter der Andacht‹: Ich wache darüber, daß in dieser Phase alles mucksmäuschenstill ist: keine Seitengespräche, kein Auspacken und Ordnen der Unterlagen, kein Kommen und Gehen. Beim kleinsten Anzeichen von Abgelenktheit unterbreche ich die Einführung und warte mit ruhendem Blick auf den Urheber.«

Ein effektiv formuliertes Thema

- ist kurz und klar, so daß es gut im Gedächtnis bleibt,
- beachtet die Sprachgewohnheiten der Teammitglieder,
- ist in bezug auf die Wissensanforderungen auf die Beteiligten zugeschnitten,
- hat gefühlsmäßigen Aufforderungscharakter (Gruppenjargon, witzige oder poetische Formulierungen ...),
- eröffnet und begünstigt neue Horizonte und Lösungswege
- und fesselt zwingend!

Mit dieser Aufzählung habe ich mich an *Ruth Cohn* (1991, S. 364 ff.) orientiert. Sie illustriert den vorletzten Punkt mit einem Beispiel aus ihrer eigenen Erfahrung: »Wie wichtig die Themenformulierung ist, ging mir bei einem meiner ersten Workshops auf.

Das Thema des Workshops war *»Die Blockade des Schriftstellers«*. Mehrere Stunden drehte sich das Gespräch zwischen den blockierten Schriftstellern um die Schwierigkeiten, die ihnen beim Schreiben begegnen. Es war eine verbale Orgie über das Blockiertsein. Da kam mir der Gedanke, das Thema umzuformulieren in *»Wie setze ich meine schöpferische Kraft beim Schreiben frei?«* Im Nu verwandelte sich die Klage über blockiertes Denken in ein Nachdenken darüber, wann der eine oder andere seine Blockierung wenigstens temporär überwunden hatte, und mit welchen Ideen es sich lohnen könnte, zu experimentieren.« Diese Erfahrung zeigt, wie ein kleines Detail der Themenformulierung gewissermaßen als Weggabelung wirkt: Gestalten die Teammitglieder die Diskussion konstruktiv und lösungsorientiert oder bleiben sie im Wehklagen und Lamentieren stecken? Ein sorgfältig geplantes und effektiv gesetztes Thema entfaltet eine beachtliche Wirksamkeit.

Alle Techniken der Visualisierung können die Stimulanz der Themensetzung zusätzlich erhöhen. Hierüber liegen eine Fülle von Veröffentlichungen vor, so daß an dieser Stelle darauf verzichtet werden kann, sie nochmals zu beschreiben. Jede Führungskraft sollte gute Trainings in Moderation, Rhetorik und Präsentation besucht haben.

Abschließend soll ein bemerkenswertes Beispiel zeigen, wie

Das Reden tut dem Menschen gut,
Wenn man es nämlich selber tut.
...

Die Segelflotte der Gedanken,
Wie fröhlich fährt sie durch die Schranken
Der aufgesperrten Mundesschleuse
Bei gutem Winde auf die Reise
Und steuert auf des Schalles Wellen
Nach den bekannten offnen Stellen
Am Kopfe, in des Ohres Hafen
Der Menschen, die mitunter schlafen.

eine Führungskraft, die über keinerlei Charisma verfügte, mit Erfolg ein Thema setzte: Es handelt sich um ein großes, metallverarbeitendes Unternehmen mit mehreren Standorten in Europa. Der Geschäftsführer ist ein zurückhaltender, unauffälliger Mann. Seine Stärke ist es, seinen Mitarbeitern viel Raum zu lassen, seine Ausstrahlung ist von Sachlichkeit geprägt. Eine umfangreiche Veränderung des Unternehmens, die die Mitwirkung eines jeden Mitarbeiter erfordert, soll thematisiert und breit diskutiert werden. Soll man mit einem so unauffälligen Mann Mitarbeiterversammlungen an den Standorten einberufen? Oder könnte man eine schriftliche Mitteilung verschicken? Wäre eine Plakataktion das Richtige? Oder ein Leitartikel in der Betriebszeitschrift? Ein das Projekt tragender Mitarbeiter hat den besten Einfall: Es werden Pinwände mit dem Thema, seinen Begründungen und seinen Perspektiven vor den Kantinen aufgestellt. Die Mitarbeiter kommen zur Mittagspause, »stolpern« über die Informationswände und beginnen natürlich gleich beim Essen über das Gesehene und Gelesene zu debattieren.

•

Die Vorbereitung der Themensetzung nimmt relativ viel Zeit in Anspruch, aber der Aufwand lohnt, denn die Auswirkung auf die Arbeit der Gruppe ist erstaunlich effektiv. Ein Thema zu setzen ist ein wichtiger Teil der Leitungsfunktion – aber eben nur ein Teil. Viele Führungskräfte glauben, mit einer schwungvollen Rede hätten sie genug getan, um auch umfangreiche Veränderungen zu bewirken. Vor allem charismatische Menschen glauben, ein suggestiver Appell löse gewissermaßen direkt die Umsetzung aus. Nein. Es ist nur der erste Schritt der Teamintegration und der Veränderungsarbeit. Wenn die »Anstiftung« der Gruppe geleistet ist, muß der eigentliche Austausch der Argumente und Ansichten, der aktive Diskurs untereinander, einsetzen.

Die Aktionsphase

Für den Übertritt in die Aktionsphase, die zweite Phase des Weges zum Konsens, ist es zwingend erforderlich, daß die leitende Person des Teams in den Hintergrund tritt und die Gruppenteilnehmer ermutigt, zu diskutieren. Freilich muß sie persönlich dazu auch imstande sein, eine solch zurückgenommene Rolle einzunehmen. Sie muß die Aktivität der Gruppenmitglieder nicht nur zulassen, sondern fördern und dem Diskussionsprozeß genügend Zeit einräumen. Dies fällt gerade solchen Menschen schwer, die über besonderes Charisma verfügen; auch jenen, die immer schnell »zu Potte« kommen müssen, den Ungeduldigen oder denjenigen, die nicht verstanden haben, daß das Ringen miteinander erst die Gemeinschaft bildet und die Tragfähigkeit herstellt.

In den meisten Fällen verlaufen *Lösungen suchende Diskussionen* sachlich und ruhig. Der Führungskraft stellen sich hier keine besonderen Schwierigkeiten bei der Leitung des Gesprächs. Anders sieht es aus, wenn die Beteiligten pomadig und teilnahmslos in der Deckung bleiben und nur apathisch in die Aufgabenstellung einsteigen. Die Ursache für ein solches Verhalten sollte, wenn es nicht nur einige einzelne betrifft, nicht bei den Beteiligten, sondern in einer mangelhaften Themensetzung gesucht werden.

Auch eine beklommene Atmosphäre kann die Beteiligten einschüchtern, so daß sie Angst haben, ihre Gedanken mitzuteilen: »Was droht mir, wenn ich sage, was ich denke?« »Wie peinlich wird es für mich, wenn ich etwas Falsches sage?« Später, auf dem Flur, unter vier Augen, wenn es zu spät ist, macht sich der Zurückhaltende Luft. Die in dieser Hinsicht Schwachen im Team brauchen Unterstützung und Ermunterung zur »Störung«.

Betrachten wir nun aber Situationen, die sich durch Turbulenzen und chaotische Phasen auszeichnen. Um es gleich vorweg zu sagen: Besonnenheit und Vernünftigkeit sind gegenwärtig noch gar nicht anzustreben, wenngleich fast alle Methoden der Moderation auf Ruhe, Sachlichkeit und gegenseitiges Verständnis von Anfang an abzielen. Mancher Manager zweifelt gar an seiner Führungskunst, wenn es ihm nicht gelingt, die Mitspieler hinreichend zu beruhigen und in der Diskussion für Ordnung und Nüchternheit zu sorgen. Das ist nämlich überhaupt nicht nötig, denn auf leichte und sachliche Weise erreichte Lösungen haben nicht annähernd die gemeinschaftsbildende »Nebenwirkung«, wie sie das unter Schwierigkeiten errungene Ergebnis vermittelt. Überdies beugt die kontroverse Debatte der Entstehung von Entscheidungsautismus vor. Natürlich wird deswegen niemand künstlich Zwietracht säen. Aber umgekehrt sollten Führungskräfte die turbulenten Phasen schwieriger Einigungsprozesse auch nicht entwerten und versuchen, sie zu vermeiden. Jede Diskussion hat ihren eigenen Grad an Leidenschaftlichkeit. Auch eine Führungskraft muß die Feste feiern, wie sie fallen: Wie weit es dabei geht, hängt überwiegend vom Temperament der Beteiligten ab, das zu domestizieren sich die Teamleitung nicht bemühen sollte.

Desgleichen kann der Sachinhalt der Diskussion die Auseinandersetzung beträchtlich verschärfen. Wenn beispielsweise ein Paradigmenwechsel ansteht, ein grundsätzlicher technologischer oder wirtschaftlicher Wandel, dann haben wir es meist mit dem Problem des Nicht-Wahrhaben-Wollens zu tun. Für Einsicht und Vernunft muß dann oft schwer gearbeitet werden. Und überhaupt: Wo kämen wir hin, wenn immer »der Klügere nachgibt«? Manche Schlacht muß geschlagen werden.

Dann sieht es so aus: Sobald die Diskussion in Fahrt kommt, prallen Argumente, Ideen und denkbare Lösungsansätze aufeinander. Um Interessengegensätze wird gerungen und Meinungsverschiedenheiten treten auf. Mehr noch, da gibt es dann Emotionen, Ängste, Antipathien, Vergangenheitsbewältigung, Schuldzuweisungen und Altlasten (im Sinne liebevoll gepflegter alter Feindschaften), die, in einer scheinbar »sachlichen« Debatte kunstvoll untergebracht, den Lauf der Erörterungen mitbestimmen. Zunehmend gerät die Debatte unter Spannung. Mitunter fliegen die Fetzen, und es wird kräftig »Dampf abgelassen«. Die Selbstkontrolle läßt nach. Das Material kommt auf den Tisch.

In diesem Chaos entsteht bei vielen Führungskräften Irritation und Angst, und sie fürchten, der Prozeß könne scheitern. Aber solche extremen Formen der Auseinandersetzung schaden nicht, im Gegenteil: Es geht ja gerade ums »Sich-Zusammenraufen«. Streitkultur und Rauflust sind gefragt.

Eine Moderation, die den Streit glättet, schadet daher dem Prozeßverlauf und mindert die gemeinschaftsbildenden Effekte der *ungeregelten* Diskussion und ihre kreativen Möglichkeiten. Nicht das Raufen gefährdet die Einigungsbemühungen, sondern Taktieren, falsche Höflichkeit, vor allem aber Ironie, Sarkasmus, Frotzeln: Hier gilt es, Einhalt zu gebieten, in dem die Betreffenden aufgefordert werden, sich dem Gegenstand der Diskussion *mit Ernst* zu widmen.

Die leitende Person sollte dieses die Vielfalt aufzeigende Chaos zulassen, auch wenn es Zeit kostet. Kreativität gedeiht nun mal nicht unter Disziplin und Ordnung. Sie richtet sich nach keinem Zeitplan. Neue Ideen entspringen nur selten einem ganz und gar rationalen Diskurs. Die chaotische Mannigfaltigkeit der Debatte mischt möglichst alle Aspekte des Themas neu auf und bildet so die »Ursuppe«, aus der sich die kreativen Eingebungen explizieren können.

Die in solchen Prozessen vorübergehend aufkeimende Befürchtung, möglicherweise finde sich keine Lösung, ist durchaus berechtigt. Es kommt zwar selten vor, aber die Lösungssuche kann durchaus scheitern, nämlich dann, wenn die anstehende Aufgabe gar nicht lösbar ist. Zudem ist der kreative Einfall ein *passiver* Akt. Man kann ihn nicht erzwingen. Für Führungskräfte, die immer alles im Griff haben wollen, die glauben, den Erfolg buchstäblich planen zu können, ist diese temporäre Ratlosigkeit schwer auszuhalten. Die genialen Lösungen bleiben solchen Führungskräften aber verborgen. Hier ist die Fähigkeit gefordert, eine diffuse Situation eine Zeitlang zu ertragen und nicht sofort Zuflucht in festen, meist schon bekannten Tatsachen zu suchen. »Der wirkliche Stratege klagt nicht über die Unsicherheit, sondern begrüßt sie als Quell der Inspiration.«[6] Wer das noch Unbekannte, Überraschende reifen lassen kann, bis es sich von selber zeigt, der eröffnet seinem Team umfangreichere kreative Möglichkeiten.

Empfindsame und konfliktscheue Manager haben an dieser

Der Bauer sprach zu seinem Jungen:
Heut in der Stadt da wirst du gaffen.
Wir fahren hin und seh'n die Affen.
Es ist gelungen
Und um sich schief zu lachen,
Was die für Streiche machen
Und für Gesichter
Wie rechte Bösewichter.
Sie krauen sich,
Sie zausen sich,
Sie hauen sich,
Sie lausen sich,

Beschnuppern dies, beknuppern das,
Und keiner gönnt dem andern was,
Und essen tun sie mit der Hand,
Und alles tun sie mit Verstand,
Und jeder stiehlt als wie ein Rabe.
Paß auf, das siehst du heute.
O Vater, rief der Knabe,
Sind Affen denn auch Leute?
Der Vater sprach: Nun ja,
Nicht ganz, doch so beinah.

Stelle noch eine andere Sorge: Sie befürchten, der Streit könne zur dauerhaften Belastung der Zusammenarbeit im Team führen. Das Schlimmste müsse man verhindern. Allzu grobe Verletzungen gelte es zu unterbinden. Leider ist diese Befürchtung oft genug berechtigt. Selbstverständlich kann es »zu weit« gehen! Dies muß, wenn irgend möglich, verhindert werden – aber nicht durch besänftigende oder zudeckende Interventionen des Teamleiters! Denn die Ursache solcher Eskalationen liegt keinesfalls in der radikalen Öffnung des Gesprächs, sondern in ungeklärten Konflikten innerhalb des Teams: Gleichsam das Sachthema mißbrauchend, können Teammitglieder ihre Streitereien oder Antipathien auf dessen Kosten austragen. Eine Einigung in der Sache ist dann tatsächlich unmöglich, denn damit fiele ja auch gleichzeitig eine Entscheidung im persönlichen Konflikt. Hier liegt der Hund begraben!

Der Prozeß der Konsensbildung setzt hinreichend gute und geklärte Beziehungen unter den Teammitgliedern voraus. Klare Sprache im Team, Transparenz und gegenseitige Unterstützung sind nur dann möglich, wenn die immer wieder auftretenden internen Konflikte zwischen den Mitspielern frühzeitig angesprochen und beigelegt werden. Wer im Team gemeinsames Handeln begünstigen will, muß darüber wachen, daß die Teammitglieder ihre Zwistigkeiten untereinander beilegen. Geschieht dies nicht, muß die Teamleitung eine Aussprache herbeiführen und den Konflikt zur Klärung bringen. Einige Hinweise zur Lösung dieses Problems finden sich im Kapitel *Über die Klärung von Beziehungen*.

In der Aktionsphase sollte die Führungskraft auf eigene inhaltliche Stellungnahmen weitgehend verzichten, denn die Gefahr besteht, daß allzu anpassungsbereite Teilnehmer Witterung aufnehmen und ihre »Fahne in den Wind hängen«, statt ihren eigenen Standpunkt zu vertreten und die Diskussion damit zu bereichern. Will der Manager unbedingt eine eigene Vorstellung ins Thema einbringen, von der er nicht ablassen kann, dann sollte er seinen Beitrag in die Rahmenbedingungen der Themensetzung einarbeiten.

Die Aufgabe der Gruppenleitung hat in der Aktionsphase insbesondere drei zentrale Aspekte:

- Taktvoll sollte sie die stilleren Teammitglieder ermuntern, sich in die Debatte einzubringen, auch wenn es weiterhin aktivere und passivere Beteiligte geben wird.
- Inhaltlich hat sie die anfallenden Zwischenergebnisse des Gruppengesprächs zu benennen und durch Zusammenfassung zu sichern.
- Daneben muß sie sich auf die Stimmung in der Gruppe konzentrieren. **Denn nach und nach baut sich eine Spannung auf, die Stimmung innerhalb der Gruppe verdichtet sich gewissermaßen, sie läuft auf den »Kulminationspunkt« zu.**

Das Ende der Aktionsphase hat verschiedene Gesichter. Die Art und Weise, wie sich der Übergang in die Integrationsphase gestaltet, bestimmt wesentlich mit, wie der Kulminationspunkt zu handhaben ist. Deshalb findet sich die Beschreibung dieser schwierigsten Phase der Konsensbildung im nächsten Abschnitt.

Der Kulminationspunkt und die »leibliche Umstimmung«

Welcher Manager hat sich dies noch nicht gefragt: Wie kann man eine rauflustige Gruppe, die hitzig und in wilder Konkurrenz eine Lösung suchend ein inhaltliches Chaos anrichtet, zur Sachlichkeit leiten? Wie läßt sich der Kampfgeist fortscheuchen, damit Nüchternheit und Besonnenheit einkehren? Denn in der gleich folgenden Integrationsphase sind diese Qualitäten gefragt. Dann geht es um:

- nüchternes Abstandnehmen beim Sichten des in der Diskussion angehäuften Materials
- und besonnenes, sachliches Abwägen des Für und Wider der konkurrierenden Lösungsvorschläge, Objektivierung des anstehenden Sachverhalts.

Hierbei handelt es sich um nichts Geringeres als um eine Veränderung des Gefühlszustandes der Beteiligten, um eine *leibliche Umstimmung*. Ein kleines Experiment soll das Phänomen der leiblichen Umstimmung veranschaulichen. Vielleicht wäre es Ihnen lieber, sich das, was ich Ihnen nun vorschlage, nur im Kopf auszumalen. Aber erlauben Sie sich doch jetzt einmal, es auch körperlich mitzuspielen:

Versetzen Sie sich zunächst *innerlich* in Ihre Kampfhaltung, stellen Sie sich dazu am besten Ihren Lieblingsopponenten vor Ihr inneres Auge, und nun drücken Sie diese *innere* Haltung mit Ihrem *Körper* aus: vielleicht vorgebeugt, auf der vorderen Stuhlkante sitzend, bereit zum Sprung oder: zurückgelehnt, ausgestreckt mit verschränkten Armen und stechendem Blick, lauernd auf die Fehlleistung Ihres »Gegners« oder: ängstlich in sich selbst verkrochen, geschützt unter einem runden Rücken. Vergegenwärtigen Sie sich die Stilelemente Ihres persönlichen Kampfverhaltens und spüren Sie die Spannung. Machen Sie es ganz so, wie es zu Ihnen paßt. Und jetzt, wenn Sie am eigenen Leibe deutlich wahrnehmen, wie Sie am »Kampfgetümmel« teilnehmen, wechseln Sie – zuerst wieder Ihre *innere* Haltung: Gehen Sie auf *nüchterne* Distanz, Sachlichkeit und *kühles* Abwägen, lassen Sie Ihre persönlichen Interessen zurücktreten hinter der Objektivität den Dingen gegenüber, auch wenn es unbequem ist. Überlassen Sie Ihrem Körper nun, diese veränderte Haltung auszudrücken, und spüren Sie den neuen Zustand.

Wenn Ihnen diese kleine Übung gelungen ist, können Sie die Bedeutung der »leiblichen Umstimmung« für den Einigungsprozeß eines Teams ermessen und die Kunst, sie herbeizuführen, würdigen. Diese Kunst ist zunächst eine Frage des *Augenblicks*, des *Wann*. Im Kulminationspunkt muß die Führungskraft beherzt zugreifen: *Die Zeit ist reif.*

Es macht die Kunst einer leitenden Person aus, diesen Zeitpunkt genau zu treffen, der die diskutierenden Gruppenmitglieder innehalten und den neuen Erfordernissen gerecht werden läßt. Wird ein zu früher Moment gewählt, bleibt die Intervention der Leitung in der Dynamik der laufenden Debatte unbeachtet. Wählt sie den Zeitpunkt des Eingreifens zu spät, entsteht bei den Beteiligten ein Übermaß an Verdruß, und dann kann es passieren, daß einige das Feld verärgert und enttäuscht verlassen. Die nächste Sitzung beginnt dann leider, wie gesagt, mit einer Hypothek. Die Aufarbeitung der Frustration erfordert viel Geduld und Energie, die anders besser eingesetzt wäre.

Aber, so schwierig es auch ist, Kairos, den »richtigen Moment«, zu treffen, die Kunst der Handhabung des Kulminationspunktes ist nicht nur eine Frage des *Wann,* sondern außerdem auch noch des *Wie*. Der Teamleiter muß in der Überleitung zur Integrationsphase die richtigen Worte finden, so daß die Gruppe der Beteiligten ihre Stimmung gut wiedergegeben sieht und möglichst die Empfindungen aller genau getroffen werden. Auch hierzu finden sich weiter unten eine Reihe verschiedener Beispiele.

Das klingt einfach. Aber der Führungskraft wird hier weit mehr abgefordert als nur die Anwendung einer simplen Gesprächstechnik. Sie muß nicht nur in der Gesprächssituation die vorhandenen Stimmungen sensibel wahrnehmen, sondern auch über sprachliches Ausdrucksvermögen verfügen, um die Umstimmung der diskutierenden Gruppe wirksam herbeiführen zu können. Ein Gruppenprozeß in dieser Phase bedeutet eine schwierige Gratwanderung: **Der Prozeß muß bis zum**

Gipfel des Überdrusses reifen, ohne ihn dann allzu weit zu überschreiten.

Das Ende der Aktionsphase ist von vielfältiger Gestalt, die Palette an Möglichkeiten schier unerschöpflich. Dadurch entsteht für die Führungskraft eine besondere Schwierigkeit: In der Handhabung des Kulminationspunktes muß sie berücksichtigen, in welcher Weise sich der Schluß der Aktionsphase präsentiert. Die folgenden vier Beispiele zeigen die häufigsten Varianten und illustrieren, wie sich das *Wann* der Intervention mit dem *Wie* verbinden läßt: Häufig kündigt sich das Ende der Aktionsphase an, in dem es zunehmend zu Wiederholungen kommt und die Diskussion sich im Kreise zu drehen beginnt. Ein kurzer Moment der Langeweile kehrt unvermittelt ein. »Die Luft ist raus«, heißt es dann. Es genügt meist die inhaltliche Zusammenzufassung des bisherigen Gesprächsverlaufs, um in die Integrationsphase hinüberzuleiten.

In anderen Fällen zeigt sich der Kulminationspunkt in zunehmenden Unmutsäußerungen und einer Verschärfung der Auseinandersetzung. Wenn für alle erkennbar die Nerven blank liegen, wenn der emotionale Gesprächsaufwand in keinem Verhältnis mehr zum Inhaltsgewinn steht, trifft möglicherweise diese Bemerkung die Situation: »Leute! So kommen wir doch nicht voran. Wenn wir so weiterdiskutieren, richten wir nur Unheil an. Laßt uns vernünftig miteinander reden. Aber erst mal machen wir eine kleine Pause.« Diese Intervention soll aber nicht die Hitzigkeit der Debatte mitten in der Aktionsphase besänftigen. Sie entfaltet ihre Wirkung erst dann, wenn sie *im Kulminationspunkt* auf fruchtbaren Boden fällt.

Manchmal steht gegen Ende der Aktionsphase – zwar noch unausgesprochen, aber dennoch unverkennbar – in unscharfen Umrissen »die Lösung im Raum«, sie hat sich gewissermaßen selbst aus der chaotischen Mannigfaltigkeit der vorangegangenen Diskussion herausgeschält. Die Benennung dieser Lösung beendet dann gewöhnlich die Aktionsphase und leitet über in die Integrationsphase. »Wenn ich mir alles vor Augen führe, so erscheint mir die folgende Lösung als die vernünftigste ...« Oder: »Ich glaube, wir haben es geschafft. Ich sehe die folgende Lösung ...«

Sehr häufig kann der Teamleiter in diesem Falle die Entscheidung auch selbst treffen und unverzüglich verkünden. Freilich muß er das auf dem Boden der zuvor geführten Aussprache tun, will er nicht einen Sturm des Protestes ernten.

Gelegentlich nimmt der Kulminationspunkt diesen Charakter an: Eine nicht verarbeitbare Menge an Informationen liegt auf dem Tisch. Ratlosigkeit macht sich breit angesichts dieser Flut von Fakten, Verwirrung in den Köpfen. »Offensichtlich ist alles gesagt, aber wie entscheiden wir nun?« Worauf die Beteiligten beginnen, die Fülle des Materials zu ordnen, zu bewerten und zu bändigen, um ein System daraus zu flechten.

Der Kulminationspunkt ist ein atmosphärisches Phänomen, »etwas in der Luft liegendes«, das zwar alle Anwesenden unmißverständlich spüren können, aber von der Führungskraft engagiert aufgenommen werden muß. Das Problem dabei ist: Dieser Kulminationspunkt ist meist nicht an objektiv meßbaren Tatsachen festzumachen. Es erfordert neben dem Wissen um diese Zusammenhänge viel Konzentration, um in der unübersichtlichen Gemengelage der Sachdebatte mit ihren persönlichen Implikationen dieses an sich bekannte Phänomen zu identifizieren.

Beteiligte, die »schwere Luft« sehr gut vertragen, bekommen natürlich später den Eindruck, das Thema sei nun ausführlich diskutiert worden. Andere Teilnehmer, die vielleicht empfindsamer sind und schnell verletzt reagieren, wünschen das Ende der Auseinandersetzungen erheblich früher herbei. Weil das so ist, darf die leitende Person nicht so sehr ihre eigene Belastbarkeit zum Maßstab machen. Sie sollte auf die Belastbarkeit der gesamten Gruppe Rücksicht nehmen – und spüren, wann es für die Gruppe genug ist. Mit einem kleinen Gedicht trifft von Eichendorff den Kern genau:

> Schläft ein Lied in allen Dingen,
> die da träumen fort und fort,
> und die Welt hebt an zu singen,
> triffst du nur das Zauberwort.

Im richtigen Moment, will ich hinzufügen.

Die Integrationsphase

Der Kulminationspunkt wurde vom Teamchef wirkungsvoll genutzt. Alles Wesentliche ist ausgesprochen. Die Mitglieder der Gruppe sind auf Besonnenheit und Sachlichkeit umgestimmt. Es herrscht ein Geist »vernünftigen Aufeinanderzugehens«. Die Situation ist gelockert, und die Beteiligten sind für Veränderungen empfänglich. Schön wär's!

Zu Beginn der Integrationsphase haben wir es nämlich mit einer für das ungeübte Auge unübersichtlichen Situation zu tun: Die Atmosphäre ist zwar bereits deutlich entspannt, die größere Zahl der Beteiligten läßt sich von dieser Stimmung anstecken und beginnt, teilweise sogar sofort, zu kooperieren. Aber einige kleben noch mehr oder weniger stark an der alten Situation und ihrem Kampfgeist. Sie brauchen Zeit zur Umgewöhnung. Wer diese gruppendynamische Dramaturgie verstanden hat, kann ruhig abwarten und zusehen, wie ein Teilnehmer nach dem anderen zu kooperativen Verhaltensweisen findet. Der Druck der Stimmung, es doch mit Vernunft zu versuchen, wirkt spürbar auf alle ein. Schon das sachliche und verständnisvolle Aufeinandereingehen der anderen übt einen gewaltigen Druck auf die »Nachzügler« aus, weil sie spüren, daß sie sich mit ihrer – in diesem Stadium – destruktiven Handlungsweise isolieren. Die letzten hartleibigen Kampfhähne werden gewöhnlich von den anderen Teammitgliedern regelrecht »in die Mangel genommen«, bis auch sie sich anschließen.

Natürlich gibt es auch Menschen, die überhaupt nicht loslassen können, die »schlechten Verlierer«. Mit ihnen ist Konsensbildung unter alltäglichen Arbeitsbedingungen nur schwer möglich. Kann der Teamleiter keine akzeptable Kompensation anbieten, die den Betreffenden zum Einlenken bewegt, dann kommt er meist nicht daran vorbei, ihm das Ergebnis der Gruppenarbeit per Machtwort aufs Auge zu drücken. Dies geschieht dann natürlich mit allen negativen Folgen, die ein Machtwort nun mal mit sich bringt.

Gewöhnlich jedoch stellt sich nach einiger Zeit Sachlichkeit und Nüchternheit ein, und die Gruppe ordnet das auf dem

So tut die vielgeschmähte Zeit
doch mancherlei, was uns erfreut;
Und, was das Beste, sie vereinigt
selbst Leute, die sich einst gepeinigt.

Tisch liegende Material. Meist führen nun nicht mehr die rauflustigen Kämpferherzen das Wort, wie in der Aktionsphase. Deren Stärke ist die Involvierung. Jetzt zählt die Fähigkeit, auf Distanz zu gehen. Die »Kopfmenschen« kommen nun mehr zur Geltung. »Was wäre unter den jetzigen Umständen das Vernünftigste?« Es gilt, die Vor- und Nachteile der verschiedenen Optionen kühl abzuwägen und sich zu einem Konsens durchzuringen, nicht nur zu einem bequemen Kompromiß als kleinstem gemeinsamen Nenner. Während dieser Phase der Aussprache kündigt sich das spätere Ergebnis in seinen Teilaspekten Stück für Stück an. Alle erkennen, worauf es wohl hinausläuft. Und das gibt jenen Teammitgliedern, die mit ihren Ideen und Zielen nicht zum Zuge kamen, Gelegenheit, ihre »Niederlage« im Stillen zu verarbeiten.

Meistens profitieren einige Teilnehmer von der verabredeten Lösung mehr als andere, und die letzteren müssen das verwinden. Für jene, die angesichts des Resultats der Auseinandersetzung einen echten Verlust erleiden, sind Kompensationen zu suchen. Der Leiter des Teams befriedet so die Verlierer und hilft ihnen auf diese Weise, mit dem Ergebnis zurande zu kommen.

Am Ende kristallisiert sich die einvernehmliche Lösung heraus, von der nun mit Fug und Recht erwartet werden darf, daß sie auch gemeinsam getragen wird. Damit ist die Entscheidung gefallen. Die Konstituierung des Konsenses im Sinne eines grob umrissenen Handlungskonzeptes ist gelungen. Unmittelbar kehrt Erleichterung ein. »Ja, so machen wir das!« Oder: »Das ist es.« Die Atmosphäre verdichtet sich erneut, indem das sogenannte Wir-Gefühl aufkommt, eine Art gemeinsamer Stolz.

Dieses Gefühl teilt sich allen Beteiligten deutlich mit. Zuversicht macht sich breit. Die Schlacht ist geschlagen. Am Ende der Integrationsphase herrschen im Idealfall Wonne und Rausch (leiblich: ein Schwebezustand). »Die Kuh ist vom Eis.« Für die Bildung der gemeinsamen Situation und die Stärkung des Gemeinschaftsgefühls ist dies ein wichtiger Augenblick. Jetzt sollten die Beteiligten nicht gleich geschäftig auseinanderlaufen, sondern den Erfolg auskosten, ist doch hiermit die Gemeinschaft – je nach Tragweite des Beschlusses und Schwierigkeit seines Erringens – ein ganzes Stück weiter zusammengewachsen.

Von allen Phasen des Diskursmodells ist die Integrationsphase die einfachste. Hier fühlen sich die meisten Manager wohl. Die Aufgabe der Teamleitung besteht hauptsächlich darin, mit der Gesprächsführung für thematische Ordnung zu sorgen und, mit Blick auf die gleichzeitig zu verhandelnden persönlichen Interessen, auf einen gerechten Ausgleich zu achten, an dieser Stelle eine kleine Kompensation anzubieten und an jener mit einem sanften Schubs das eine oder andere Zugeständnis abzuluchsen.

Die Mühe lohnt: Der gemeinsam vereinbarte Konsens legitimiert die Führungskraft zusätzlich, die mit dem getroffenen Commitment verbundenen Handlungen einzufordern.

Die Umsetzungsphase

Das gemeinsam verabredete Handlungskonzept vermittelt ein gutes Gefühl. Irreführend ist der falsche Eindruck, etwas abgeschlossen zu haben. Dieser Eindruck erwächst wohl daraus, daß der Konsens im Moment seiner Konstituierung, besonders wenn der Weg schwierig war und viel Konzentration erforderte, eine so schöne Erleichterung vermittelt und durchatmen läßt. Man hat das Gefühl: Jetzt ist es vollbracht! Es gibt Unternehmenskulturen, in denen die Diskussionen vielfach bis zu diesem Punkt führen, alle Beteiligten sind dann glücklich, aber – in der Folge passiert nicht mehr viel, alles bleibt beim alten.

Ein Ende des Prozesses ist aus diesem Grunde noch lange nicht in Sicht. Der Konsens und die gemeinsam bekundete Absicht, entsprechend zu handeln, müssen nun in der Umsetzungsphase engagiert zu Taten führen. Deshalb ist es wichtig, Kräfte für die beschlossene Neuorientierung zu mobilisieren. Jeder, den es betrifft, muß aus dem Trott des Bisherigen herausgeholt, und die vereinbarten Maßnahmen müssen zuverlässig durchgeführt werden. Dabei ist die Meßgröße für die Güte der erreichten Einigung nicht mehr der verabschiedete Beschluß, sondern nur noch seine engagierte Umsetzung.

Kompetenz, detaillierte Antizipation, realistische Planung, erforderlicher Zeitrahmen, Verantwortung, Tatkraft, Pünktlichkeit und Kontrolle sind die vorherrschenden Elemente dieser Phase. Und wenn es nicht anders geht, sind auch Androhung und Vollzug von Sanktionen ins Auge zu fassen, nämlich immer dann, wenn einzelne ihren Beitrag nicht leisten. Jetzt gilt es, neue Fragen klar zu regeln:

- Wer macht was?
- Bis wann?
- Wem berichtet sie oder er?
- Welches sollen die Meßgrößen der Umsetzung sein?
- Welche Kontrollschritte sind zu berücksichtigen?
- Was passiert, wenn nichts passiert?

Dies alles sind abschreckende Fragen, denn sie führen auf das dornige Feld der Verantwortung. Und wer denkt schon gern an den lästigen Umsetzungsprozeß, wenn er noch im »Rauschzustand« des gewonnenen Wir-Gefühls schwebt? Darum ist die Führungskraft des Teams erneut in der Pflicht: Sie muß eine weitere leibliche Umstimmung bewerkstelligen. Gewiß verdient der Schwebezustand des Wir-Gefühls, ausgiebig genossen zu werden. In der Umsetzungsphase allerdings verhilft er schwerlich zum Erfolg. Wie ein Sportler seinen Körper vor einer neuen Leistung unter Spannung setzen muß, so muß auch das Team auf Handeln eingestellt werden. Oft ist zu beobachten, daß dazu die skeptischen und die akribischen Mitglieder im Team wertvolle Dienste leisten. Denn die schönste Feier können sie verwüsten, indem sie mit ihren Äußerungen in die gehobene Stimmung hineinstechen: »Mooooment mal, das geht doch gar nicht, weil ...« Ihre Einlassungen rücken Zweifel ins Blickfeld – das kann frustrieren, führt aber auch durch den damit verbundenen Schrecken auf den Boden der Tatsachen zurück.

In der Praxis werden die Einwände der Bedenkenträger allerdings gern beiseite geschoben. Die Sorge, die ganze Diskussion könne womöglich von vorne beginnen, herrscht vor. Aber falls in der Aktionsphase alle wichtigen Überlegungen zur Sprache gekommen und während der Integrationsphase auf vernünftige Weise berücksichtigt worden sind, ist ein erneutes Aufflammen der Diskussion kaum zu befürchten. Käme es tatsächlich dazu, wäre es ein ernstzunehmendes Indiz dafür, daß der gefundene Konsens nur eine Pseudolösung darstellt. Es müßte eine weitere Schleife durch die Integrationsphase gezogen werden, unter Umständen sogar weiter zurück durch die Aktionsphase. Wer in solch einem Moment auf kritische Reflexion verzichtet, läuft Gefahr, daß konzeptionelle Mängel des erreichten Konsenses in der Umsetzungsphase immer wieder zur Sprache kommen und zu noch größeren Zeitverlusten führen. Am Ende würde sabotiert, statt zügig und direktiv umgesetzt. Die Folgen von Entscheidungsautismus wären zu erleiden.

Es gibt viele Wege, auf denen die Umstimmung des Teams

vom Wir-Gefühl zur Handlungsorientierung und Verantwortung erreicht werden kann. Wichtig ist, daß die leitende Person die Notwendigkeit der leiblichen Spannung im Blick behält und nicht etwa den Konsens bereits als abschließendes Ergebnis einstuft.

Ein kleines Beispiel zur leiblichen Umstimmung in dieser Phase: Die Teamleitung kann einen zeitlichen Abstand herstellen, etwa mit der Bemerkung: »So viel für heute. Morgen um 9.00 Uhr treffen wir uns wieder und verteilen die Arbeit.« Spüren Sie die gefühlsmäßige Verengung, die solch ein Satz bewirkt? Raus aus der Erleichterung, rein in die Verantwortung.

Obgleich die Umsetzungsphase zum Gesamtprozeß der Konsensbildung gehört, wird mit ihr doch ein neues Kapitel aufgeschlagen. Hier muß mit professionellen Standards am Gelingen der vereinbarten Maßnahmen gearbeitet werden. Die Leitung hat nun die Aufgabe, mit ihren Fragen Klarheit und Verbindlichkeit zu schaffen. Sie darf sich ihrer Kontrollpflicht nicht entziehen. Sie läßt lange diskutieren, gemeinsam entscheiden, aber dann direktiv ausführen. Die vielverschmähten autoritären Elemente des Führens kommen an dieser Stelle zur Geltung. Jetzt zahlt es sich aus, wenn die Teammitglieder ihrem Vorgesetzten direkt anmerken können, daß mit ihm »schlecht Kirschen essen« ist, wenn man nicht Wort hält. Die Ausstrahlung einer Person enthält mehr oder weniger »Drohpotential«, sonst nicht gern gelitten, trägt es hier reiche Früchte.

Ans Ende der Umsetzungsphase gehört eine dem Projekt angemessene Feier: Selbstverständlich verdient zuallererst das Engagement der Beteiligten gewürdigt zu werden. Zusätzlich aber sollten die Projektbeteiligten die Projekt*erfahrung* gewissenhaft auswerten. Was ist gut gelaufen und sollte wieder so gemacht werden? Was ist nicht gut gelaufen und deshalb zu vervollkommnen? Welche persönlichen Konfliktfelder sind noch anzusprechen? Wie und wo können wir unsere Organisation und unsere Prozesse verbessern? Neben dem eigentlichen Projektziel ist dies ein zusätzlicher Projektgewinn, der es verdient, gesichert zu werden. Dann bildet er einen Niederschlag im Erfahrungsschatz aller.

Freilich kann ein Projekt auch scheitern. Wer nie scheitert, setzt sich wahrscheinlich keine sportlichen Ziele. Im Falle des Scheiterns eines Vorhabens ist es *besonders* wichtig, zu erforschen, welche Fehler zum Mißerfolg führten, um für die Zukunft besser gerüstet zu sein. Keinesfalls genügt die Identifizierung eines Schuldigen, der dann als Sündenbock herhalten muß. Die trügerische Beruhigung der »Nichtschuldigen« verhindert den anstehenden Lernprozeß. Unter allen Umständen muß vermieden werden, daß gescheiterte Vorhaben einfach versanden und *heimlich* begraben werden.

•

Wir sind am Ende eines Zyklus angelangt. Alle *zogen* an einem Strang. Darum ging es.

Nach den Aufräumarbeiten am Ende der Feier wird die Operation Vergangenheit und macht Platz für den Beginn eines neuen Unterfangens.

Zusammenfassung

Die leitende Person muß zunächst mit der **Themensetzung** alle Beteiligten für das anstehende Thema gewinnen. Dabei geht es vor allem um die klare Definition der zu lösenden Aufgabe. Die Grenzen und Rahmenbedingungen sind anzugeben, innerhalb derer sich die Diskussion bewegen kann. Es ist deutlich das auszugrenzen, was bereits festgelegt und infolgedessen nicht zu entscheiden ist. Die Diskussionsteilnehmer werden allerdings weniger durch intellektuelles Überzeugen als durch affektives Anstiften gewonnen. Ein charismatischer Mensch hat es hier am leichtesten. Er darf es aber keinesfalls nur auf den Show-Effekt anlegen. Die Problemstellung muß so realistisch und glaubwürdig vermittelt werden, daß sie den Beteiligten unmittelbar einleuchtet und sie sich ernsthaft damit auseinandersetzen. Erst wenn diese »Anstiftung« der Gruppe geleistet ist, kann der eigentliche Austausch der Argumente, der aktive Diskurs beginnen.

Für den Eintritt in die **Aktionsphase** ist es zwingend erforderlich, daß die leitende Person des Teams in den Hintergrund tritt. Sie sollte auf eigene inhaltliche Stellungnahmen weitgehend verzichten. Sie fördert die Aktivität der Gruppenmitglieder und räumt dem Diskussionsprozeß genügend Zeit ein. Es prallen Argumente, Ideen und denkbare Lösungsansätze aufeinander. Um Interessengegensätze und Meinungsverschiedenheiten wird gerungen. Mehr noch, da gibt es Emotionen, Angst, Antipathien, Vergangenheitsbewältigung und Schuldzuweisungen. Zunehmend gerät die Debatte unter Spannung. Jede Diskussion hat ihren eigenen Grad an Leidenschaftlichkeit, mitunter fliegen die Fetzen. Die Selbstkontrolle läßt nach. Das Material kommt auf den Tisch. Solche Formen der Auseinandersetzung schaden nicht, im Gegenteil: Es geht ja gerade ums »Sich-Zusammenraufen«. Streitkultur und Rauflust sind gefragt.

Eine Moderation, die den Streit glättet, schadet daher dem Prozeßverlauf. Sie mindert die gemeinschaftsbildenden Effekte der ungeregelten Diskussion und ihre kreativen Möglichkeiten. Erst das Ringen miteinander bildet die Gemeinschaft und stellt die Tragfähigkeit her. Die chaotische Mannigfaltigkeit der Debatte mischt möglichst alle Aspekte des Konfliktstoffs neu auf und bildet so die Grundlage für Kreativität.

Die Aufgabe der Leitung in der Aktionsphase hat drei Seiten: Ermutigung der stillen Teammitglieder, sich einzubringen, Sicherung der anfallenden Zwischenergebnisse des Gruppengesprächs und bewußte Wahrnehmung der Atmosphäre. Denn nach und nach baut sich eine Spannung auf, die Stimmung innerhalb der Gruppe verdichtet sich gewissermaßen, es läuft auf den **Kulminationspunkt** zu.

Das Ende der Aktionsphase kündigt sich an, wenn es zunehmend zu Wiederholungen kommt und die Diskussion sich im Kreise zu drehen beginnt. »Die Luft ist raus!« Oder Unmutsäußerungen nehmen zu, die Stimmung ist zum Reißen gespannt. »So kommen wir nicht weiter!« Oft steht im Kulminationspunkt auch in unscharfen Umrissen »die Lösung im Raum«, sie muß nur noch benannt werden. Manchmal läßt sich die Stimmung auch so ausdrücken: »Offensichtlich ist alles gesagt, aber wie entscheiden wir nun?«

Jetzt befindet sich die Debatte auf ihrem Kulminationspunkt. Der Augenblick ist gekommen, wo die Führungskraft eingreifen muß! *Die Zeit ist reif!* Es macht die Kunst der leitenden Person aus, diesen Zeitpunkt genau zu treffen, der die diskutierenden Gruppenmitglieder innehalten läßt. Der Führungskraft wird hier viel abgefordert. Sie muß nicht nur die im Team vorhandenen Stimmungen sensibel wahrnehmen, sondern auch über sprachliches Ausdrucksvermögen verfügen, um die Umstimmung der diskutierenden Gruppe herbeiführen zu können. Ein Gruppenprozeß in dieser Phase bedeutet eine schwierige Gratwanderung: Der Prozeß muß bis zum Gipfel des Überdrusses reifen, ohne ihn dann allzu weit zu überschreiten.

Damit bewirkt die Führung einen Wechsel der Stimmung. Denn in der nun folgenden **Integrationsphase** sind andere Qualitäten gefragt: nüchternes Abstandnehmen beim Sichten des in der Diskussion angehäuften Materials und besonnenes, sachliches Abwägen der konkurrierenden Lösungsvorschläge.

Es gilt, die Vor- und Nachteile der verschiedenen Optionen kühl einzuschätzen und sich zu einem Konsens durchzuringen. »Was wäre unter den jetzigen Umständen das Vernünftigste?« Am Ende kristallisiert sich die einvernehmliche Lösung heraus, von der alle erwarten dürfen, daß sie auch gemeinsam getragen wird.

Damit ist die Entscheidung gefallen. Zugleich haben jene Gruppenmitglieder, die mit ihren Ideen nicht zum Zuge kamen, Gelegenheit, ihre »Niederlage« im Stillen zu verarbeiten. Es fallen Sätze wie: »Ja, so machen wir das!« Oder: »Das ist es.« Die solidarische Erleichterung, »nachdem die Schlacht geschlagen ist«, bezeichnet das Ende der Integrationsphase. Die Atmosphäre verändert sich erneut. Je schwerer die Entscheidung fiel, desto größer ist jetzt die Erleichterung und desto stärker das Wir-Gefühl.

Dies darf allerdings nicht darüber hinwegtäuschen, daß das Ende des Prozesses noch nicht erreicht ist. Der Konsens und die gemeinsam bekundete Absicht, entsprechend zu handeln, müssen nun in der **Umsetzungsphase** zu engagierten Taten führen. Jeder muß aus dem bisherigen Trott herausgeholt werden.

Kompetenz, detaillierte Antizipation, realistische Planungsschritte, Verantwortung, Tatkraft, Pünktlichkeit, Kontrolle sind entscheidend. Und notfalls sind auch Androhung und Vollzug von Sanktionen unvermeidlich, nämlich, wenn einzelne ihren Beitrag nicht leisten. Wer bearbeitet was? Bis wann? Wem berichtet er? Wie gelingt die Kontrolle? Was passiert, wenn nichts passiert? Diese Fragen stellt sich derjenige, der die Verantwortung hat. Und wer denkt schon gern an den lästigen Umsetzungsprozeß, wenn er noch im »Rauschzustand« des gewonnenen Wir-Gefühls schwebt? Die Teamleitung ist hier erneut in der Pflicht. Wieder muß sie die Stimmung im Team verändern, indem sie die Spannung hervorruft, die das Team zum Handeln braucht: »So viel für heute. Morgen um 9.00 Uhr treffen wir uns wieder und verteilen die Arbeit.« Raus aus der Erleichterung, rein in die Verantwortung!

Ans Ende der Umsetzungsphase gehört eine dem Projekt angemessene »Feier«: Die Würdigung des Engagements der Beteiligten und eine Auswertung der Projekterfahrung.

Freilich kann ein Projekt auch scheitern. In diesem Fall ist es besonders wichtig, zu erforschen, was zum Mißerfolg führte, um für die Zukunft besser gerüstet zu sein. Unter allen Umständen dürfen gescheiterte Vorhaben nicht versanden oder heimlich begraben werden.

Persönliche Anforderungen an die Führungskraft

Es ist wohl deutlich geworden, daß sich Konsens nicht einfach »herstellen« läßt und daß »Manipulation«, Charisma oder irgendeine andere Verhaltenspräferenz allein weder zur sachlichen Übereinstimmung noch zur Bildung einer gemeinsamen Situation führen. Kooperationsfähigkeit aller Beteiligten und das aufrichtige Bemühen der leitenden Person um eine wahrhaftige Einigung sind unverzichtbare Voraussetzungen für das Gelingen des Diskurses im Team.

Detaillierte Kenntnis der wesentlichen Phänomene eines Einigungsprozesses wird Leiterinnen und Leitern helfen, sich im Ablauf dieses Prozesses besser zurechtzufinden, leichter zu erkennen, an welchen Stellen und auf welche Weise Blockaden eintreten und wie sie den Beteiligten weiterhelfen können. Freilich macht diese detaillierte Analyse des Einigungsprozesses auch deutlich, welche personale und soziale Kompetenz von der Leitung verlangt wird, wenn sie allen Situationen dieses oft unübersichtlichen und an Überraschungen reichen Weges gerecht werden will.

Manche Führungskräfte glauben sich entscheiden zu müssen, ob sie ihr Team kooperativ oder autoritär leiten sollen. Oder sie machen sich insgeheim Gedanken darüber, ob sie »führen können oder nicht«. Derartige Sichtweisen greifen viel zu kurz:

Eine Führungskraft muß über Empathie verfügen, mit Suggestionskraft auf der Bühne agieren und das Team in den Bann ziehen, aber ebenso unauffällig im Hintergrund bleiben können. Sie soll über eine prägnante Sprache verfügen, inhaltliche Kompetenz besitzen, aber auch eine manchmal tagelange chaotische Diskussion ertragen können. Sie soll diese Diskussion »zulassen« können, aber in der Umsetzung unerbittlich und bisweilen unerschütterlich Leistungen einfordern. Sie soll Rauflust tolerieren, aber andererseits nüchtern sein und zu kühler Berechnung fähig. Der Mut, anspruchsvolle Forderungen zu stellen, darf sie nicht hindern, empfindsam für Stimmungen, taktvoll im Umgang mit den Mitwirkenden und treffsicher für den richtigen Zeitpunkt zu bleiben. Sie soll mit dem Team die gelungene Umsetzung feiern, sich über Erfolge freuen, aber auch zu unbedingtem Ernst auffordern können. Natürlich verfügt die »Soll-Führungskraft« über ein hohes Maß an Aufrichtigkeit und damit über Glaubwürdigkeit – freilich nicht ohne eine gewisse Portion »Bauernschläue«. Ganz gewiß ist sie in der Lage, verzagten Mitspielern Mut einzuflößen, aber, wenn nötig, konsequent beim Vollzug angedrohter Sanktionen. Und das alles immer zum rechten Zeitpunkt in der richtigen Dosierung und am richtigen Ort.

Eigentlich ist jede Einzelheit für sich gesehen einfach zu tun, aber es ist sehr schwierig, alles zusammen zu schaffen. Die geforderte personale Bandbreite ist das Problem, sie ist schlicht übermenschlich. Denn Menschen verfügen gewöhnlich nur über eine eingeschränkte Palette von Verhaltenspräferenzen. Deshalb verhält es sich mit dem *Führen* wie mit einigen anderen Fertigkeiten, mit denen man nie »fertig« wird: Tennis, Reiten, Musizieren, Kochen usw. usw. Auch der Beste ist immer noch unzufrieden mit seiner Leistung. Der Ansporn, sich zu verbessern, bleibt erhalten. Heute will ich es besser machen als gestern, morgen besser als heute und so fort. Dieser Ansporn treibt den lebenslangen Reifungsprozeß voran. Dessenungeachtet bleibt uns eine endgültige Meisterschaft verwehrt. Jedoch: »Wer immer strebend sich bemüht, den können wir erlösen.« (Goethe)

Man kann nicht alles richtig machen. Goethe folgend, sollten Führungskräfte ihre wichtigsten individuellen Schwachpunkte identifizieren und an ihnen arbeiten. Sie können auch eigene Defizite kompensieren, indem sie sich von Teammitgliedern, die über die ihnen fehlenden Talente verfügen, ergänzen lassen. Die Suche nach Verbesserungen konzentriert sich gewöhnlich auf vier Problemfelder:

- Raumstiftende Menschen haben meist ein Problem bei der *Themensetzung*, weil sie sich lieber im Hintergrund aufhalten als auf der Bühne. Auch Menschen, die Auseinandersetzungen scheuen, fühlen sich in dieser Phase nicht so wohl, weil sie durch das Setzen des Themas die Beteiligten mit einer Forderung konfrontieren. Und Führungskräfte-Nachwuchs, der sich die Führungsrolle noch nicht wirklich zueigen gemacht hat, »traut« sich noch nicht so recht, »nach vorn« zu gehen.

- Schwierigkeiten in der *Aktionsphase* haben vor allem Führungskräfte mit Angst vor Kontrollverlust und Unordnung, auch solche, die einen Mangel an Rauflust besitzen. Sehr viele Leiterinnen und Leiter fühlen sich aber außerordentlich entlastet, wenn sie die kreativen Möglichkeiten chaotisch mannigfaltiger Situationen entdecken und ihnen »endlich« die Erlaubnis erteilt ist, diese Gegebenheiten zuzulassen.
- Die Wahrnehmungsfähigkeit für Stimmungen oder Atmosphären ist manchen Zeitgenossen nicht gegeben. Ihre Reizempfänglichkeit hat einen Schwellwert, der überschritten werden muß, damit sie etwas registrieren. Ihre Welt sind die harten Fakten und abzählbaren Ergebnisse. Man wird ihnen kaum zur Wahrnehmung des *Kulminationspunktes* verhelfen. Ein anderes Teammitglied muß hier einspringen und zur Umstimmung der Gruppe im richtigen Augenblick den leider unbeholfenen Vorgesetzten dominieren.
- In der *Umsetzungsphase* sind es die auf Harmonie angelegten Menschen, denen es eher an Durchsetzungsfähigkeit und Aggressivität mangelt, um die in dieser Phase immer wieder notwendigen Kontrollen vorzunehmen und bei nicht eingehaltenen Vereinbarungen Sanktionen zu verhängen. Es gibt auch Führungskräfte, denen es regelrecht zuwider ist, die korrekte Abarbeitung der Aufgaben zu kontrollieren.

Die meisten Menschen kennen sich gut genug, um zu wissen, wo ihre individuellen Schwachpunkte liegen. Wer das nicht weiß, kann in einem Seminar oder, vertraulich, mit Hilfe eines Coaches in den Spiegel schauen, das eigene Profil erforschen und für die vorgefundenen Defizite Lösungsmöglichkeiten suchen. Wer sich nachhaltig bemüht, dem glückt die Übereinstimmung der eigenen Persönlichkeit mit der jeweiligen Führungsaufgabe immer häufiger.

Die Zielsetzung muß sein, mit der ganzen persönlichen Bandbreite im Team präsent zu sein und *kraftschlüssig* zu leiten, das heißt: fordernd *und* anteilnehmend. Dietrich Dörner schreibt dazu: »Man sollte das *Delegieren* vom *Abschieben* unterscheiden. Manch einer meint zu delegieren, in Wirklichkeit schiebt er ab. Was ist der Unterschied? Delegieren heißt, man behält das delegierte Problem im Auge. Das abgeschobene Problem hingegen ist aus dem Blickfeld des ›Delegators‹ verschwunden und wird beim Wiederauftauchen allenfalls mit Ärger über eine erneute Belastung zur Kenntnis genommen.«[7] Insbesondere in der Phase der Umsetzung haben diese Worte Gewicht.

In kritischen Momenten hat nur der Linienvorgesetzte selbst die Autorität, Forderungen zu stellen. Wenn er diese Aufgabe nicht wahrnimmt, die Führung aus der Hand gibt und »das seine Mitarbeiter machen läßt« oder die Leitung einem Berater überträgt, dann entsteht im Team ein Machtvakuum. Dieses Machtvakuum führt unter den Teammitgliedern zu mehr oder weniger gut als Sachdiskussion getarnten Machtkämpfen, die eine Einigung sehr erschweren, oft sogar geradezu verhindern. Deshalb muß kraftschlüssiges Leiten alle Mitwirkenden eines Projektes einbeziehen. Das heißt, bei der Sache bleiben, den Weg unbeirrt verfolgen und sich nicht durch die tausend tagesgeschäftlichen Veranlassungen tausendmal davon abbringen lassen. Das erfordert Festigkeit.

Klippen im Prozeßverlauf

Es wäre doch schön, wenn alles immer so glatt durchliefe wie in der Beschreibung des Diskursmodells. Eine Reihe von Schwierigkeiten stehen aber im Weg, wenn es darum geht, nach diesem System in der Alltagspraxis zu arbeiten. Die häufigsten dieser Schwierigkeiten sollen im folgenden beleuchtet werden.

Über den Umgang mit Rivalität

Alle Wirbeltiere bilden Hierarchien. Uns Menschen bleibt es demnach nicht erspart, die Rangkämpfe, die eine hierarchische Ordnung erst herausbilden, zu führen und zu ertragen. So manche Fußballmannschaft ist schon in den Abstiegsstrudel geraten, weil es dem Trainer nicht gelang, eine funktionierende »Hackordnung« unter den Spielern entstehen zu lassen. Erst wenn diese Ordnung gefunden ist, kann sich die ganze Kraft und Aufmerksamkeit auf die gemeinsame Aufgabe richten.

Dann erweisen sich menschliche Gemeinschaften den Organisationen von Tieren allerdings als außerordentlich weit überlegen. Die Variationsbreite menschlicher Verhaltensweisen läßt einen Vergleich mit der Tierwelt kaum noch zu. Besonders in bedrängten Situationen zeigt sich diese Überlegenheit der menschlichen Gattung in ihrer Fähigkeit zum Führungswechsel: Die Gruppe schickt für die zu lösende Aufgabe die dafür am besten geeignete Person nach vorn, und diese übernimmt vorübergehend – ohne viel Aufhebens – die Führungsrolle.

Die Aktionsphase bietet ein geeignetes Terrain, um die gruppeninterne Rangordnung zu klären. Fachkenntnisse, Ideenreichtum, Erfahrung, Eloquenz, Organisationswissen usw. sind ungleich verteilt und geben Gelegenheit, die Kräfte zu messen. Anfänglich ist der Wettbewerb durchaus gegeneinander gerichtet, die Sachthematik leidet selbstverständlich darunter. Aber mit zunehmender Klärung der Verhältnisse verbreitet sich eine konstruktivere Atmosphäre und der Wettbewerb wird solidarisch, er widmet sich dem Thema oder der »äußeren Bedrohung«.

Vielfach werden diese Erfordernisse der Gruppendynamik als lästig empfunden. Wer aber die notwendigen Klärungsprozesse unterbindet, verhindert gleichzeitig, daß die Gruppe zur vollen Entfaltung ihrer Leistungsfähigkeit gelangt. Alle Hemmnisse sind zweiseitig zu sehen. Die Rauhigkeiten der Personen können Laster, aber auch Tugenden sein. Mancher Querkopf behält schließlich am Ende recht.

Eine besondere Erwähnung verdienen die Konkurrenzprobleme auf der Führungsebene. Nicht selten gibt es noch ein »duales« Führungssystem, bei dem zwei gleichrangige Führungskräfte eine Organisation leiten. Die Arbeitsteilung beispielsweise zwischen kaufmännischem und technischem Geschäftsführer klappt aber nur gelegentlich ohne Verstrickungen. Wenn beide sich nicht einig sind, kann sich weiter unten in der Organisation jeder Mitarbeiter nach Belieben einen Standpunkt aussuchen. In der Zusammenarbeit geht es dann drunter und drüber.

Das gleiche gilt für Matrixorganisationen. Tritt dort ein Führungskonflikt auf, wird die Matrix gewöhnlich außer Kraft gesetzt und durch eine »informelle« Hierarchie überlagert. »Urtriebe« brechen sich Bahn: Powerplay. Der »Stärkere« setzt sich durch, die Sachfrage tritt in den Hintergrund, nimmt bisweilen sogar Schaden. Oder der »Schwächere« gibt sich – trotzig – nicht geschlagen und blockiert die Entscheidung. Denn mit der Einigung über die Sachfrage fiele unter diesen Umständen ja zugleich auch eine Entscheidung in der Machtfrage. Dies ist die schlimmste, wahrscheinlich die häufigste Variante.

Im dualen Führungssystem ebenso wie in einer Matrixorganisation ist auf der Führungsebene substantielle Einigkeit unverzichtbar. Andernfalls scheitert schon die Themensetzung.

Über den Umgang mit Starrsinn

Der 14jährige Sohn will endlich den Vater im Tennis besiegen. Heute muß es sein! Der Eifer quillt aus allen Poren. Höchste Konzentration, saubere Schlagtechnik und so gucken, als wär' nichts. Und dann schafft er es wieder nicht. Verdammt! Unfähig zur Resignation, fixiert auf die einzige Lösung: Sieg! Nicht imstande, die unvermeidliche Niederlage enttäuscht hinzunehmen, verkrampft er zunehmend in einer starren inneren Haltung des »Gewinnen-Müssens«. Er kämpft verbissen aber chancenlos weiter und wirkt dabei eigentlich nur noch komisch. Das merkt der Junior selber auch. Ändern kann er es nicht. Am Ende gibt es jedes Mal Tränen. Verlieren will gelernt sein.

Schlechte Verlierer gibt es auch im fortgeschrittenen Alter: unermüdlich, auch auf verlorenem Posten weiter kämpfend, fixiert auf die eigene Sichtweise, immer das gleiche Argument wiederholend, hoffnungslos verbockt, stur bis zum bitteren Ende. Die »Fassung« solcher Menschen kennt zwei stabile Zustände: Die Starre ihrer inneren Haltung einerseits und deren Zusammenbruch, das Verlieren der Fassung andererseits. Beides befremdet die anderen Teammitglieder und versetzt sie in Hilflosigkeit.

Ist unter solchen Umständen Konsensbildung noch möglich? Wenn, wie zu sehen war, Konsensbildung Verzichtsbereitschaft erfordert, wenn die Teammitglieder zugunsten einer besseren Idee auf veränderte Sichtweisen einschwenken können müssen, dann *muß* der Starrsinnige ebenfalls eingefangen werden. Was tun? Er bedarf dazu einer besonderen Behandlung. Diese Behandlung kann nur ein Versuch sein, und es ist nicht ausgemacht, daß dieser Versuch gelingt.

Vier Wege zu diesem Ziel habe ich beobachtet: *Der erste Weg* ist der am häufigsten anzutreffende. Intuitiv rücken die Führungskraft und die Teammitglieder dem sturen Kollegen *sanft* auf die Pelle, er soll gewissermaßen »aufgetaut« werden. Weiche Appelle richten sich an seine Vernunft und nüchterne Aussagen an seine Einsichtsfähigkeit. Diese Intuition ist kein

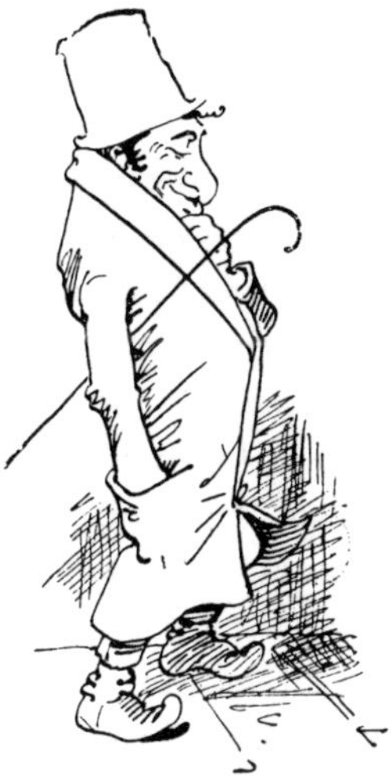

Man ist ja von Natur kein Engel,
Vielmehr ein Welt- und Menschenkind,
Und rings umher ist ein Gedrängel
Von solchen, die dasselbe sind.

schlechter Ratgeber. Denn so wird vermieden, weiter Öl ins Feuer zu gießen, die Atmosphäre zu vergiften und seine Abwehrstarre zu steigern.

Beim zweiten Weg greift ein Teammitglied den Starrsinn zunächst durchaus als Anregung auf. Sich hypothetisch einfühlend, geht dieser Gesprächspartner eine ganze Weile verstehend auf den Betreffenden ein, bis er ihn »von innen heraus« widerlegen kann, ad absurdum zu führen weiß oder sogar sich selbst von der Auffassung des Starrsinnigen überzeugen läßt. Dieser Weg erfordert viel emotionale Spannkraft.

Der dritte Weg bedeutet Konfrontation. Das muß kein Zornesausbruch sein, schon gar kein *hilfloser* Zornesausbruch, aber der Volksmund irrt nicht immer, wenn er sagt: »Auf einen groben Klotz gehört ein grober Keil.« Imponierender als Ärger ist jedoch allemal der Ausdruck des »vollen Ernstes«, mit dem man sich den Starrsinnigen »zur Brust nimmt« und ihm mit großer sachlicher Klarheit die Destruktion seines Tuns unabweislich zurückspiegelt.

An den danach folgenden Tagen muß aber der Sinneswandel überprüft werden, denn auf solche Auseinandersetzungen folgt zuweilen »Dienst nach Vorschrift« oder eine andere Form der inneren Distanzierung.

Als *vierten Weg* bietet sich der Kunstgriff einer Verhandlungsunterbrechung an. »Okay. Laßt uns für heute aufhören. Morgen greifen wir das Thema mit frischen Kräften wieder auf.« Mancher starre Standpunkt löst sich über Nacht auf. Der Sachverhalt sieht gelegentlich anders aus, wenn man »darüber geschlafen hat«. Es gibt Menschen, die Zeit brauchen, um überraschende und zuweilen unbequeme Einsichten anzunehmen. Auch das gesellige Beisammensein am Feierabend mit gemeinschaftlichem Essen, Erzählen und vereintem Lachen lockert oft festgefahrene Positionen.

Über den Umgang mit Unwilligkeit

Vielfach haben Führungskräfte von Konsensbildung eine völlig falsche Vorstellung: Sie glauben, es ginge darum, den Mitarbeitern den eigenen Willen aufzuzwingen, ohne daß diese es bemerken. Beispielsweise läßt man zu diesem Zweck die Gruppe diskutieren, und wenn das Gespräch in eine »falsche« Richtung läuft, greift man kurz ein, korrigiert mit einer Stellungnahme, bis »die Richtung wieder stimmt«. Und am Ende finden sich alle in der ursprünglichen Absicht des Vorgesetzten wieder. Man mag das so tun, aber dieses Vorgehen hat nichts mit Konsensbildung gemein. Die Mitarbeiter durchschauen das Spiel nämlich und fühlen sich nicht ernst genommen. Konsenswilligkeit beginnt zuallererst bei der Führungskraft. Dazu braucht sie Aufrichtigkeit im Kontakt, Vertrauen in die Kompetenz und den guten Willen ihrer Mitarbeiter und Mut, die Entscheidungsmacht zu teilen.

Aber es gibt möglicherweise auch einige Teammitglieder, die keinen echten Willen haben, sich in einen gemeinschaftlichen Beschluß einzubinden. Schließlich stehen auch bei Sachentscheidungen oft persönliche Interessen zusätzlich auf dem Spiel. Und wenn der Preis für das Zustandekommen der Einmütigkeit einzelnen zu hoch erscheint, wird sich mancher Mitspieler verweigern.

Es gibt auch sogenannte »coole« Zeitgenossen, die sich lieber separieren, statt sich für das Zustandekommen einer gemeinsamen Situation zu engagieren, die Einzelkämpfer und jene, die einen Platz am Rande oder gar außerhalb von Gemeinschaften bevorzugen.

Und dann sind da noch die ängstlichen Mitmenschen, die ihren persönlichen Standpunkt nicht definieren mögen und die Angst haben, sich *weder* für eine Idee *noch* für die Gemeinschaft zu engagieren. Sie wissen genau, was sie *nicht* wollen, belassen hingegen das, *was* sie wollen, im dunkeln. Im Falle eines Scheiterns sind sie fein raus: Sie haben ja nicht mitgemacht und können nun klug daherreden.

In allen drei Beispielen geht es der Führungskraft wie einem

Lehrer, der einem unwilligen Schüler, der sich im Unterricht nicht engagieren will, das Lernen nahebringen muß. Das ist eine unattraktive und anstrengende Angelegenheit. Mit dieser Aufgabe konfrontiert, lassen sich fast alle Pädagogen in zwei Gruppen einteilen: Da gibt es auf der einen Seite die gutherzigen, sanften Lehrer, die sich einfühlend, Mut machend und die Gedanken des Schülers herauskitzelnd ins Zeug legen, und auf der anderen Seite die Schulmeister, die gnadenlos Leistungsdruck aufbauen und unbarmherzig mit den Zensuren abstrafen, mal eisig, mal donnernd. Beiden gelingt es nur selten, den unwilligen Schüler zum Mitmachen zu gewinnen. Erfolgversprechender ist es, beides zu tun: auf den Schüler einzugehen *und* Druck aufzubauen. Die Verbindung beider Verfahren mit geeigneter Dosierung ist das Geheimnis des guten Pädagogen. Diese Verbindung gelingt übrigens nicht ohne Sympathie für den Betreffenden.

Das gilt genau so für Führungskräfte. Anteilnehmend sollte die Teamleitung auf ihre schwierigen Kandidaten eingehen *und* fordernd den Druck oder die Attraktivität des Themas erhöhen. Die Grenzen der gemeinsamen Situation müssen genügend stark markiert sein. Wer nicht mitmacht, soll damit rechnen, daß andernfalls ein Nachteil erlitten werden muß und die Enge der Umstände droht.

Über die Klärung von Beziehungen

Der Alltag in Arbeitsgruppen und Organisationen ist nicht denkbar ohne Pannen: unbedachte Worte fallen, gewollte und ungewollte Verletzungen ohne Entschuldigung oder Versöhnung werden zugefügt, störende Verhaltensweisen gehen auf die Nerven, Mißverständnisse und Antipathien entstehen. Deshalb muß erfolgreiches Leadership das Klima der Zusammenarbeit im Auge behalten und positiv zu beeinflussen versuchen. Als Zielvorstellung ist eine freudig-aggressive Stimmung anzustreben und gegenseitige Unterstützung innerhalb des Teams zu etablieren. Daß dies ein bedeutender Produktivitätsfaktor ist, wird sicher von niemandem bestritten.

Jedoch sind klare Sprache, Transparenz und gegenseitige Unterstützung nur dann möglich, wenn die tagtäglich immer wieder auftretenden internen Konflikte zwischen den Mitarbeitern frühzeitig angesprochen und ausgeräumt werden. So wird obendrein vermieden, daß die Diskussion in der Aktionsphase ausufert und gegenseitige Verletzungen überhand nehmen. Auch der Entstehung von Schwelbränden wird damit ein Riegel vorgeschoben. Wie aber gelingt die Handhabung der dazu notwendigen Klärungsgespräche?

Aus Furcht, der Klärungsprozeß könnte scheitern oder das Ansprechen des Konfliktes könnte die Situation sogar noch zusätzlich verschlimmern, unterbleibt meist die dringend gebotene Intervention des Teamchefs. »Hinterher ist möglicherweise überhaupt keine Basis zur Zusammenarbeit mehr vorhanden, und was mach ich dann?« Derartige Bedenken verleiten zum Kleinmut. Führungskräfte bedürfen deshalb eines methodischen Rüstzeugs, mit dem Konflikte aktiv anzugehen und konstruktive Lösungen herbeizuführen sind. Ein Leitfaden hierfür findet sich im folgenden Abschnitt.

Klärungsbedürftige Konflikte bestehen aber nicht nur zwischen den gleichrangigen Mitgliedern einer Mannschaft. Es gibt sie auch vertikal, zwischen Teammitgliedern und ihrem Teamchef. Unter diesen Umständen leidet die Atmosphäre sogar besonders stark und beeinträchtigt auch die scheinbar

Manche Wahrheiten sollen nicht,
manche brauchen nicht,
manche müssen gesagt werden.

unbeteiligten Teammitglieder. Verantwortlich für die Regelung eines derartigen Konfliktes ist dann die übergeordnete Instanz.

Kann in einem Projektteam einer Matrix-Organisation der Projektleiter einen Konflikt nicht regeln, muß er sogar den beiden Kombattanten gemeinsamen Vorgesetzten einschalten. Das ist manchmal eine sehr hochrangige Person, die sich aber ihrer Führungsverantwortung nicht entziehen darf. Wer eine Matrix organisiert, muß mit den Konsequenzen leben.

Meist kann aber der Eingriff der Führungskraft unterbleiben, nämlich immer dann, wenn die Konfliktbeteiligten sich selbst zusammensetzen und die Zwistigkeiten beilegen. »Laß uns doch zusammen mal ein Bier trinken«, heißt es dann oft, und die Erfolgsaussichten sind fast immer gar nicht so schlecht. Wieso kommt dabei eigentlich vielmals die Klärung auf ganz natürliche Weise zustande? Zwei Elemente scheinen hier hilfreich zu wirken: Beide Seiten bekunden durch die Gesprächsabsicht ihren *guten Willen* und signalisieren damit ihr Bedauern über den Zustand der Beziehung. Zusätzlich stellen sich die Beteiligten in der Gesprächssituation in die Selbstverantwortung; sie wollen es allein hinkriegen, beabsichtigen nichts auf Dritte abzuschieben oder einem »Richter« zu überlassen. So steigen die Erfolgsaussichten.

Eine Führungskraft ist gut beraten, wenn sie diese Elemente in ihrem Klärungsgespräch berücksichtigt und einbaut. Der nachfolgende Abschnitt liefert hierzu einen Versuch.

Leitfaden zum Klärungsgespräch

Die in diesem Leitfaden vorgeschlagene Schrittfolge soll nur eine Anregung sein, die Führungskräften hilft, ein Klärungsgespräch individuell und persönlich vorzubereiten. Ein Klärungsgespräch ist immer eine heikle Angelegenheit. Und in solcherart schwierigen Situationen steigt die Unsicherheit noch zusätzlich, wenn man versucht, sich künstlich, nach einem vorgegebenen Strickmuster zu verhalten. Die »persönliche Handschrift« verschafft ein größeres Maß an Sicherheit nach innen und Glaubwürdigkeit nach außen. Auf die vorgeschlagenen Formulierungen kommt es also nicht an, sondern auf ihren Sinn und Zweck.

1. Die Führungskraft sollte zuerst das Einverständnis der Konfliktbeteiligten zu einem klärenden Gespräch einfordern. Bei dieser Gelegenheit sollte sie auch direkt danach fragen, ob für solch ein Gespräch »guter Wille« vorhanden ist. Selbst wenn guter Wille im Moment nicht vorliegt, bringt schon die Frage danach die Streithähne innerlich in Bewegung.
2. Alle Beteiligten setzen sich direkt und *ohne* weitere Vorgespräche an einen Tisch. Ein Vorgespräch brächte den ungeübten Konfliktmanager allzu leicht in eine prekäre Situation: Die Beteiligten würden in der Regel beide versuchen, die Sachlage aus ihrer Sicht so zu schildern, daß er sich zu einer verfrühten Stellungnahme und damit zur Parteilichkeit verleiten ließe. Später wäre er dann leicht in die Rolle des Richters zu schieben, der sagen möge, wer recht hat, weil er ja Bescheid wisse. Beides würde die zerstrittenen Personen vollständig aus ihrer Selbstverantwortung entlassen.
3. Einleitungsworte des Konfliktmanagers könnten sein: »Ich will in Ihrem Konflikt nicht richten, sondern nur *vermitteln* und strebe deswegen Unparteilichkeit an. Einigen müssen Sie sich selbst, da kann ich bestenfalls etwas helfen. Und dafür will ich jede Seite *ganz* verstehen. Zuerst schildert bitte jeder die Situation aus seiner Sicht. Dabei wird er nicht unterbrochen. Diskutieren werden wir erst hinterher. Vorläufig sind nur Verständnisfragen erlaubt. Herr Priesmeyer, fangen Sie bitte einmal an.« Durch diese Vorgehensweise entsteht eine Situation, in der die Konfliktparteien gezwungen sind, sich – meist erstmalig – uneingeschränkt zuzuhören. Allein durch dieses Zuhören entsteht in den meisten Fällen, gewissermaßen beiläufig, eine veränderte Sichtweise auf den Konflikt und eine veränderte Haltung in der nachfolgenden Diskussion.
4. Wenn alle ihre Sicht der Dinge erklärt haben, können die

Konfliktpartner in einer offenen Diskussion, ganz wie in der Aktionsphase, nach einer Lösung suchen. Der Vorgesetzte sollte diese Einigungsarbeit den Kombattanten nicht aus der Hand nehmen, sondern auf den Kulminationspunkt warten.

Freilich garantiert dieses Procedere den Erfolg keineswegs. Niemand kann den Erfolg einer Klärungsmaßnahme von vornherein versprechen. Leider sind manche Zerwürfnisse so nachhaltig verfestigt und manche Personen miteinander so unverträglich, daß ein professioneller Konflikthelfer eingeschaltet werden muß, um alles zu versuchen. Aber auch dann kann es sein, daß am Ende eine Trennung oder Entflechtung der betreffenden Personen vorgenommen werden muß. Dieser Option sollte sich eine Führungskraft stets bewußt bleiben. Es gibt Situationen, in denen eine Trennung oder Entflechtung besser ist, als sich auf Dauer gegenseitig das Leben schwerzumachen.

Starthilfe für den Transfer in die Praxis

Dieses Kapitel soll einige Fragen beantworten, die zur Anwendung des Diskursmodells und seines Transfers in die Praxis immer wieder gestellt werden. Auch wenn das Gesamtkonzept der Konsensbildung recht einfach ist, so kommen viele Führungskräfte am Anfang eines Veränderungsvorhabens doch ins Stolpern: »Was soll ich denn nun machen?« fragen sie und wissen nicht, wie beginnen.

Der erste Schritt in die Praxis heißt: Konzipierung der Themensetzung! Dabei geht es natürlich um eine sorgfältige und einfallsreiche Vorbereitung. Diese Vorbereitung gelingt besser, wenn sich die Führungskraft ihrer Zuversicht und ihres Vertrauens in die Mitspieler besinnt: »Es wäre doch gelacht, wenn wir die Lösung des Problems nicht hinkriegten!« Mancher Manager, der gewohnt ist, ängstlich und kontrollierend alles zu sichern, kleinste Einzelheiten selbst zu bestimmen und nichts dem »Zufall« zu überlassen, schreckt davor entsetzt zurück. Den Weg der Veränderung gemeinsam zu gestalten braucht Vertrauen in die anderen und Bereitschaft zum Risiko. Wenn aber die tatkräftige Unterstützung der Beteiligten einsetzt, wird dieses Wagnis reich belohnt.

Wie danach herangehen an die Konzipierung der Themensetzung? Welche Schritte können die Gedanken sinnvoll ordnen? Auf welche Fragen sollte die Führungskraft Antworten suchen?

1. Als erstes sollte der verantwortliche Initiator eine nüchterne Distanz zur Problemsituation herstellen. Meist ist er nicht nur mit diesem Vorhaben befaßt, sondern hat zahlreiche Baustellen zu steuern. Vieles dreht sich im Kopf. Außerdem ist er bereits auf verschiedene Einzelheiten und zu erwartende Schwierigkeiten fixiert. Dies alles gilt es zunächst aufzulösen, sich zu »leeren« und Abstand zu schaffen und sich auf *ein* Vorhaben zu konzentrieren. Je umfangreicher dieses Vorhaben ist, desto mehr lohnt es, sich auch räumlich zu

Wer andern gar zu wenig traut,
Hat Angst an allen Ecken;
Wer gar zu viel auf andre baut,
Erwacht mit Schrecken.

Es trennt sie nur ein leichter Zaun,
Die beiden Sorgengründer;
Zu wenig und zu viel Vertraun
Sind Nachbarskinder.

distanzieren und einen Ort aufzusuchen, der Nüchternheit und Kreativität fördert. Dem einen hilft hierzu ein Waldspaziergang, dem andern ein italienisches Restaurant, wieder einen anderen befreit der Blick aufs Meer.

2. Dann sollte er mit seinem Anliegen neu beginnen: Was will ich? Welches Problem will ich lösen? Welches Ziel will ich erreichen? Welches Unheil will ich abwenden? Welches Neuland will ich erobern? Welche Verbesserung will ich zuwege bringen? Welchen Nebenzielen und Randbedingungen ist dabei Beachtung zu schenken?
3. In welcher Situation befinde ich mich oder befinden wir uns gegenwärtig? Welches sind mit Blick auf meine Zielvorstellung die kritischen Fragestellungen, fachlich und in bezug auf die Personen? Was bewegt die zu beteiligenden Personen gegenwärtig? Was wird sie an meinem Anliegen reizen, was abstoßen?
4. Wer muß wann und mit welchem Themenaspekt beteiligt werden? Habe ich schon an alle wichtigen Mitspieler gedacht: Experten, Ausführende, Fürsten, Betroffene, Fürsprecher, Opponenten ...? Wen möchte ich dichter an meiner Seite haben?
5. Und jetzt erst: Wie kann ich die Themensetzung gestalten? Welcher Inhalt ist zu vermitteln? Welche Grenzen muß ich ziehen und welchen Raum zur Gestaltung will ich freigeben? Welche Formulierungen leuchten den betreffenden Personen unmittelbar ein? Wie steigere ich die Stimulanz meiner Darlegungen?
6. Welche Dynamik ist in der Diskussion zu erwarten? Wie lange könnten die Auseinandersetzungen dauern, bis wir Konsens haben, Stunden, Tage, Monate? Sollte ich wegen der Zahl der Beteiligten in mehreren Gruppen diskutieren lassen? Wie fasse ich dann die Zwischenergebnisse zusammen? Rechtfertigt das Projekt, einen Workshop außerhalb des Betriebes zu veranstalten? Wieviel räumlichen Abstand brauchen die Mitwirkenden, um sich vom Tagesgeschäft zu lösen? Habe ich schon eine Ahnung davon, in welcher Form sich der Kulminationspunkt offenbart?

Viel weiter läßt sich nicht in die Zukunft schauen. Die Chance allerdings, das Engagement der Beteiligten zu gewinnen, so daß der Mut zum Risiko gerechtfertigt wird, steigt mit der Qualität der Themensetzung. Gewissenhaft vorbereitet an die Zielgruppe anzukoppeln ist das Geheimnis von Leadership in der Initialphase von Veränderungsmaßnahmen.

Die Organisation eines Prozesses zur Herstellung von Einmütigkeit in einem Team ist noch verhältnismäßig unkompliziert. Ganz anders sieht es aus, wenn eine unternehmensweite Strategie umzusetzen ist. Dann geht es darum, nicht nur einen kleinen Kreis von Menschen auf ein Ziel auszurichten, sondern unter Umständen sogar eine ganze Belegschaft für eine Veränderungsmaßnahme einzuspannen. Das kann bedeuten, daß die von der Unternehmensleitung beschlossene Strategie in den verschiedenen Bereichen des Unternehmens die Entwicklung bereichsspezifischer Strategien nach sich zieht. Und innerhalb der Bereiche sind wiederum für jede Ebene verschiedene Konzepte zu entwerfen. Erst die Kohärenz aller Handlungskonzepte gewährleistet die Erfolgswahrscheinlichkeit der Gesamtstrategie. Dies erfordert in allen Bereichen und auf fast allen Ebenen *unterschiedliche Themensetzungen* und kaskadenartig organisierte Anstrengungen in allen Abteilungen.

Gern würde ich an dieser Stelle einen allgemeingültigen Vorschlag zur Konzipierung eines solch großflächigen Veränderungsvorhabens machen. Aber die Organisation von Initiierung, Steuerung und Support eines derartigen Unterfangens muß der spezifischen Situation der jeweiligen Unternehmung mit den Ursachen und dem Zweck der angestrebten Veränderung, mit ihren inneren Ressourcen, mit den menschlichen und zwischenmenschlichen Gegebenheiten usw. Rechnung tragen. Meist ist auch der unternehmensgeschichtliche Hintergrund des Unternehmens zu beleuchten. Jedes derartige Handlungskonzept braucht ein eigenes Gesicht, wenn es erfolgswahrscheinlich sein soll. Wer für seine Situation den Weg nicht findet, wird Beratung in Anspruch nehmen müssen.

Freilich wird man einen unternehmensweiten Konsens, so wie er im Kapitel *Was ist »Konsens«?* definiert wurde, nicht erreichen können. Ähnlich wie in der Politik muß sich die

Führung mit »breiter Zustimmung« zufriedengeben. Das Ziel, in einer großen Organisation Einmütigkeit herzustellen, bleibt – abgesehen von glücklichen Momenten – Utopie. Einige Mitstreiter bekennen sich erst dann zu einer Strategie, wenn der Erfolg eingetreten ist.

Anmerkungen

1 Eine Ausnahme bildet die sogenannte Themenzentrierte Interaktion von Ruth Cohn, ein System der pädagogischen Psychologie, das Elemente aller drei Ansätze in sich vereint und in eine Axiomatik einbettet.

2 Alle aufgeführten Beispiele und viele mehr in Stefan Schulz-Hardt, Realitätsflucht in Entscheidungsprozessen, Bern 1997.

3 Goethe, Anmerkung 893 in Maximen und Reflexionen, Ausgabe von Max Hecker, Weimar 1907.

4 Oder der Machthaberin. Eine ausführliche Untersuchung dieses Phänomens und seine Handhabung in der Gesprächsführung wird später in der Beschreibung des Prozeßmodells vorgenommen.

5 Die Grobstruktur dieses Modells entstand durch Anlehnung an das Ko-respondenzmodell von Petzold (1978, 21 ff.).

6 Oetinger et.al. in Clausewitz – Strategie Denken, München 2001, S. 29.

7 D. Dörner, Die Logik des Mißlingens, Reinbek 1992, S. 84.

Literaturverzeichnis

Heinz Becker, Klaus Jäger: Teams müssen sich zusammenraufen, in: Harvard Business manager, Hamburg IV/1994

Ruth Cohn, Alfred Farau: Das TZI-Thema, in: Gelebte Geschichte der Psychotherapie, Stuttgart 1991

Dietrich Dörner: Die Logik des Mißlingens, Reinbek 1992

Oetinger u.a. : Clausewitz – Strategie Denken, München 2001

Hilarion Petzold: Das Ko-respondenzmodell in der Integrativen Agogik, in: Integrative Therapie, Paderborn 1978

Yasmina Reza: Kunst, CH Lengwil 1996

Reginald Rose: Die zwölf Geschworenen, Stuttgart 1997

Hermann Schmitz: Das System der Philosophie, Bonn 1964-1980

Hermann Schmitz: Der unerschöpfliche Gegenstand, Bonn 1990

Hermann Schmitz: Leib und Gefühl, Paderborn 1992

Friedemann Schulz von Thun: Miteinander Reden 3, Reinbek 1998

Stefan Schulz-Hardt: Realitätsflucht in Entscheidungsprozessen, Bern 1997

Othmar E. Hill

Das Ende der Massenmenschhaltung

Humanistisches Management in Zeiten rasender Gesellschaften

197 Seiten. Gebunden

ISBN 3-932425-38-3

»Auf der Suche nach der Zukunft der Arbeitswelt setzt sich der Autor mit der globalen Kulturrevolution ebenso auseinander wie mit der Existenzialpsychologie. Er beschreibt den Erfolg so genannter ›weicher‹ Techniken wie Coaching, Meditation, Mentoring und Monitoring und stellt das Multi-Profit-System vor, das den Gedanken des Erfolgs vom monetären Gewinn auf vielfältige Bereiche erweitert.«

Wirtschaftsforum

Georg Harald Zawadzky-Krasnopolsky

Leadership ohne Vorurteile

Beobachten
statt Behaupten

213 Seiten. Gebunden
ISBN 3-932425-44-8

»Anhand von spielerisch anmutenden Beispielen zeigt der Autor, daß unser Gehirn zu einer vorschnellen Beurteilung von Menschen und ihren Handlungen neigt – und wir uns auf diese Weise zu falschen Entscheidungen verleiten lassen. Ein Problem besonders für Manager, die oft rasch und ohne vollständige Informationen Urteile fällen müssen. Die Gegenstrategie: genaue Beobachtung sowohl der Umwelt wie auch der eigenen Voreingenommenheit. Eine nette Bettkantenlektüre für Liebhaber psychologischer Logeleien.«
manager magazin